U0347233

财富雪球

10年10倍的价值投资要义

金鑫 ◎著

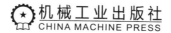
机械工业出版社
CHINA MACHINE PRESS

《财富雪球》是一本定位于美股投资的价值投资工具书。

当下市场风云诡谲，处处体现出市场先生不确定性的特质。如何在众多噪声中抓住少数关键，实现投资盈利，甚至获取超额收益？答案是坚守投资的基本常识，把股票投资回归到做生意的本质。本书基于作者十余年投资美股的经历，从基础的投资需求出发，系统讲解了设定合理预期收益目标和避开投资陷阱的方法，介绍了美国股市及其热点领域的投资特点。从方法论的角度，分享了投资的常识、价值分析策略、个股的投资逻辑，以及投资心理的养成。本书在最后对投资美股进行了复盘总结，并对未来投资方向做出了展望。

图书在版编目（CIP）数据

财富雪球：10 年 10 倍的价值投资要义/金鑫著．—北京：机械工业出版社，2023.9

ISBN 978-7-111-73957-9

Ⅰ．①财… Ⅱ．①金… Ⅲ．①股票－证券投资－研究－美国 Ⅳ．①F837.125

中国国家版本馆 CIP 数据核字（2023）第 186007 号

机械工业出版社（北京市百万庄大街 22 号 邮政编码 100037）
策划编辑：李 浩 责任编辑：李 浩 康 宁
责任校对：曹若菲 张昕妍 韩雪清 责任印制：张 博
北京联兴盛业印刷股份有限公司印刷
2024 年 1 月第 1 版第 1 次印刷
145mm×210mm・9.75 印张・3 插页・187 千字
标准书号：ISBN 978-7-111-73957-9
定价：88.00 元

电话服务 网络服务
客服电话：010-88361066 机 工 官 网：www.cmpbook.com
010-88379833 机 工 官 博：weibo.com/cmp1952
010-68326294 金 书 网：www.golden-book.com
封底无防伪标均为盗版 机工教育服务网：www.cmpedu.com

推荐序一

价值在线创始人兼董事长　苏　梅

　　我非常有幸见证和亲历了中国资本市场制度建设的不断发展、完善，因此，我也深知在当前这个特殊的国内资本市场环境中，这本《财富雪球：十年十倍的价值投资要义》的出版具有极其重要的意义。作为合规领域的"老兵"，我认为这是一本观点独到、内容丰富的好书，书味在胸中，甘于饮陈酒。

　　金鑫先生拿着书稿来让我写序时，正值 2023 年 12 月的中央经济工作会议闭幕。此次会议提出"坚持稳中求进、以进促稳、先立后破"，还提出"要强化宏观政策逆周期和跨周期调节，继续实施积极的财政政策和稳健的货币政策，加强政策工具创新和协调配合"。会议强调，2024 年要围绕推动高质量发展，突出重点，把握关键，扎实做好经济工作，其中第一点就是以科技创新引领现代化产业体系建设，提到要"鼓励发展创业投资、股权投资"。此外，会议还提到要"完善投融资机制，实施政府和社会资本合作新机制，支持社会资本参与新型基础设施等领域建设""要谋划新一轮财税体制改革，落实金融体制改革"等。

　　而在 2023 年 10 月底召开的中央金融工作会议上也强调，金融是国民经济的血脉，是国家核心竞争力的重要组成部分，要加快建设金融强国，全面加强金融监管，完善金融体制，优化金融服务，防范化解风险，坚定不移走中国特色金融发展之路，推动我国金融高质量发展，为以中国式现代化全面推进强国建设、民族复兴伟业提供有力支撑。

不难看出，在全面注册制的引领下，资本市场基础制度配套改革持续推进，多层次资本市场建设正在加快，国家对于建设金融强国的重视程度前所未有。也就是说，政府希望投资者能够通过资本市场来实现共同富裕，资本市场迎来繁荣景象也不过是时间问题。

这就需要我们把握住好时机。那么普通投资者该如何在资本市场上赚钱呢？该怎么去判断某个公司的价值？如何选择标的呢？我想这本书会给你答案。

在本书中，金鑫先生以他独特的视角和敏锐的洞察力，为我们揭示了美国资本市场的微观机制和成功企业的成长过程。这也让我们看到了，资本市场是如何将企业的长期发展与管理层的个人财富积累以及长期股东回报有机结合的。

另外，金鑫先生通过多年的投资经验和深入研究，从多个角度剖析了美国优质企业的成长过程，以及公众公司治理结构中关于长期激励和资本配置文化方面的具体做法。他揭示了这些企业成功的背后，不仅仅是价值投资理论的实践，更是对微观层面机制的深入理解和灵活运用。从本书中，我们不仅能够更客观地认识境内外资本市场，还能够对长期价值投资有更进一步的了解，帮助投资者立足中国国情，寻找更符合价值投资理念的标的，从而获得长期的价值回报。

这本书对投资者如何以更客观的角度看待长期投资回报具有深远的启示意义。同时，它也为未来我国资本市场的制度建设提供了宝贵的参考。因此，我深感本书内容充实、专业且实用，无疑是一本值得所有投资者用作实践指南的重要参考书籍。在此，我也期待金鑫先生能够继续推出更多杰出的作品。

推荐序二

走向多金之路

《21世纪经济报道》副总编辑、21财经客户端总编辑　贾肖明

从事财经新闻行业20多年来，为了了解资本市场的规律，我对华尔街的故事也颇感兴趣，一个个财富传奇背后不断证明着这样一个事实：强大的经济需要与繁荣的资本市场形成互动，上市公司和大小股东之间通过博弈形成稳定的长期共赢机制是美国股市长牛背后的秘密，为以巴菲特和芒格为代表的价值投资大师们财富滚雪球提供了"长坡厚雪"。

过去20年，中国家庭的财富增长主要来源于房地产市场，而未来20年更大的机会会来自于股权投资。中国股市在经历了多年以高成长、高估值为投资主线后，风格也开始逐渐趋向稳增长、高分红，而美国资本市场的经验正是可以攻玉的他山之石。近年来，随着中国经济不断开放和资本市场国际化推进，国内投资者对于美股的关注程度在不断提高，普通投资者也可以通过购买指数基金等形式便利投资美股。

目前，市场上关于美国资本市场和巴菲特等投资大师的图书

并不少，但缺少兼具可读性和操作性，并对普通家庭资产配置提供借鉴的工具书。欣闻好友金鑫先生的《财富雪球：10 年 10 倍的价值投资要义》即将出版。金先生因名字“多金”而外号“多金哥”，他毕业于国内名校，远赴重洋在美修读商科，归国后从事股权投资。他在 21 世纪传媒工作期间参与了产业基金“募投管退”的全过程，工作之余笔耕不辍，对迪士尼、奈飞等美国知名企业的成长颇有见解。

在这本书里，“多金哥”系统梳理了他对美国资本市场变迁和伟大公司成长的思考，不仅有宏观的视角，也着重分析重点企业的成长经历，总结如何让长期投资者、企业管理者和政府实现共赢、长赢的可持续发展机制，让我们有了全新了解美国资本市场与社会发展的新视角。更难能可贵的是，这本书读起来并不晦涩，“多金哥”以朋友的口吻娓娓道来，再结合自己丰富的实操经验，让读者在客观看待公司发展的同时，思考如何通过投资理财来分享资本市场的收益，走向人生的多金之路。

前言

这些年，全球投资在国内早已不是新鲜的事情，当全球资本市场向大众打开投资的大门时，这既是投资者的机会，又让很多对于境外资本市场缺乏了解的投资者感到不适应。

在过去 10 年，我被问及最多的话题，就是美股已经涨了这么多了，未来还能再涨吗？而不少在美国生活过的朋友们都感觉美国社会处于一种时光荏苒、岁月静好的生活状态，似乎美国社会相较于中国来说，经济增长乏力、缺少社会活力的事实在资本市场应该是有所体现的。但事实上，不仅在过去的 100 年里，也包括在过去的 10 年，美国的股票市场，依然是全球表现最为可靠的市场之一（见图 1）。

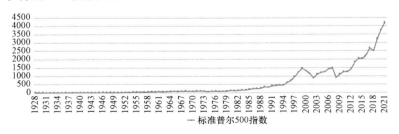

图 1　1928—2020 年标准普尔 500 指数

美股看起来确实是一个非常适合投资理财的地方，但当我们从另一个角度思考，结合美国社会的现实情况，结合资本市场的表现，也许会有一些更加深入的考量。

1980 年以来，美国商业社会为了不断提高资本收益率，结合国际化的发展，逐步形成了全球化的供应链体系，大量美国的传统工业产业逐步被外包到全球各地，美国本土的低技术级别的工作薪酬水平增长极其缓慢。

根据美国劳动局（U.S. DEPARTMENT OF LABOR）的官方数据，美国过去 40 多年的最低工资标准，仅仅从 1981 年的 3.35 美元/小时，增长到现在的 7.25 美元/小时。但是即便一个长期处在最低收入标准的人，如果可以坚持在 40 年的工作时间里，将每月收入的 10% 投入美国资本市场买股票，那么这个人退休时将会有超过 22 万美元的金融资产。

现实情况却极其悲惨。根据美国 CNBC 财经媒体 2021 年 1 月的报道，美国近 40% 的人拿不出 1000 美元的应急资金。而美国最大的共同基金先锋（Vanguard），其大于 65 岁的客户中，退休账户资产的中位数仅仅是 58035 美元，而平均数也仅仅是 192877 美元。

到这里，我们也许会发现，尽管大众媒体都将巨大的贫富差距归结于收入上的不平等，但事实上，能否对于财富进行合理的配置，才是对于一个人财富积累起到关键作用的因素。我希望可以结合这些年对于美国资本市场的研究，以及国内的工作和投资经验，在本书中分享一些自己的看法，对大家有所启发。

目录

第一章

一切从需求开始

第一节　财富的雪球从哪里来

关于投资，最为重要的是在了解市场之前，先了解自身的需求。也许有人说，自己的需求还不清楚吗？不就是要投资赚钱嘛，越多越好。大量的个人投资者都希望自己的每笔投资都是 3 倍、5 倍、10 倍股神似的点睛之笔。通常的情况却是，偶尔几次的小成功之后，便重仓操作，往往最后变成了市场的韭菜。个人如果抱有不合理的愿望，往往会被市场中的诱惑所吸引，过度关注短期的收益，而忽略自身长期的投资目标。我们先来看看，财富积累的来源。

对于一个普通人来讲，除去被赠予或是一些偶然所得外，获得财富的来源无外乎两类，通过劳动获得薪酬所得，以及通过投资与理财获得财产性收益。尽管说工作的报酬对于一个白手起家的普通人的财富积累来讲是一个基础，但财产性收入，对于一个人最终财富水平毫无疑问有着非常重要的影响，这也是我们这本书所关注的部分。

对于财产性收入来讲，最终一个比较重要的衡量标准，是投资者能否在一个较长的时间周期里，通过投资理财，让自己的财富抵御通货膨胀，实现购买力的保值增值，同时达到自己预期的财富收益，实现自己未来的财务自由。在谈论具体的投资之前，我觉得非常有必要讲讲我个人对于货币、通货膨胀，以及个人真实投资理财需求的一些思考。

自 1973 年布雷顿森林体系瓦解之后，美元与黄金脱钩，全球的铸币权不再受到黄金、白银这些物理产品开采量的限制，并且被牢牢把握在各个国家的中央银行之中。但货币作为一般等价物的作用，在生活的方方面面并没有太大的改变。

没有了物理产品约束下的货币发行，往往考验着各国政府的信用，货币的流通数量从长期看要与货币流通区域所创造的商品与服务的价值相匹配，而这并不是一件容易的事情。从第二次世界大战前的德国，到委内瑞拉，再到不少非洲的主权国家，很多的国家都曾经因为滥用铸币权来快速解决短期的问题，最终引发不可挽回的灾难。

在美元与黄金脱钩之后，美元依然成为全球最为主要的储备货币，这虽然与其强大的军事能力有一定关系，但毫无疑问，美国政府整体来讲，并没有过度滥用铸币权（当然肯定用过，只是个人认为，使用的程度并不算特别过分），并且在过去数十年中，无论是现代医学、信息技术，还是一系列的工业产品与服务，都在美国商业社会系统中创造出来了巨大价值。而政府对于铸币权的自控，以及美国商业生态创造的长期社会价值，才是真正支撑美元长期成为世界储备货币的重要因素。

在现在商业社会中，一般等价物作为商品与服务流通的媒介，其价值既要在短期保持一定的稳定，而由于通货膨胀的长期存在，货币价值从长期看又落入不可避免的价值贬值的境地。美国著名经济学家、诺贝尔经济学奖获得者弗里德曼（Milton Friedman）对于通货膨胀有着经典的解释：通货膨胀是一种税，这种税可以直接征收而不用通过立法（Inflation is the one form of taxation that can be imposed without legislation.）。

尽管说货币的实际价值从长期看必然是贬值的，但却是每一个人去获取服务与价值过程中必须要使用的。对于通货膨胀的恐惧根深蒂固地印在普通大众的心中，因此，怀念金本位的人也并不在少数，认为黄金可以保值增值的人也并不在少数，近些年流行的数字货币也在兜兜转转讲着很多的故事。

在数字货币与黄金投资的问题上，我的观点与投资大师巴菲特和芒格的观点保持一致。黄金并不是好的投资标的，而以比特币为主的非法币的数字货币也不是好的投资标的，基础的逻辑很简单，这些资产并不产生任何的现金流。事实上，如果我们对比数据会发现，在金本位时期并非没有通货膨胀，而经济的波动显然要比现在大得多。

第二次世界大战后，美国在 1944 年开始通过布雷顿森林体系将美元价值与黄金进行捆绑，直到 1973 年布雷顿森林体系解体。我们经历了最后一个金本位的全球货币时代。根据美国劳动局提供的官方 CPI 数据，在 1944—1973 年的 30 年的时间里，美国的年均通货膨胀率大约是 3.34%，而在 1974 年至今的近 50 年时间里，年均通胀率大约是 3.82%，两者相比并没有差太多，而如果扣除掉中东战争、冷战带来的不稳定时期，回顾最近 30 多年

（1990—2022 年），美国的年均通货膨胀率大约只有 2.5%，远低于金本位时期的平均数据。考虑到最近 30 年，商业社会创造出来的巨大价值，毫无疑问，脱离了金本位的货币体系下的商业社会，对于大众来讲要远好于金本位时期。

而黄金价格的波动性在布雷顿森林体系解体之后，仍然是巨大的。从财富积累的功能角度来看，黄金投资其实并不稳定。如果从财富积累的角度来看，同时投资 1000 美元，在股票指数权益市场的平均收益与投资黄金的收益对比，如表 1-1 所示。

表 1-1　1974—2021 年黄金收益率、通货膨胀率和股指收益率的对比

年　　份	通货膨胀率	黄金当年收益率	标普 500 指数年收益率
1974	9.4%	63.4%	−29.7%
1975	11.8%	−25.2%	31.5%
1976	6.7%	−4.1%	19.1%
1977	5.2%	23.1%	−11.5%
1978	6.8%	35.6%	1.1%
1979	9.3%	133.4%	12.3%
1980	13.9%	12.5%	25.8%
1981	11.8%	−32.1%	−9.7%
1982	8.4%	12.0%	14.8%
1983	3.7%	−14.8%	17.3%
1984	4.2%	−19.0%	1.4%
1985	3.5%	5.8%	26.3%
1986	3.9%	19.5%	14.6%
1987	1.5%	24.5%	2.0%
1988	4.0%	−15.7%	12.4%
1989	4.7%	−2.2%	27.3%
1990	5.2%	−2.5%	−6.6%

（续）

年　　份	通货膨胀率	黄金当年收益率	标普 500 指数年收益率
1991	5.7%	−9.6%	26.3%
1992	2.6%	−5.8%	4.5%
1993	3.3%	17.3%	7.1%
1994	2.5%	−2.1%	−1.5%
1995	2.8%	1.1%	34.1%
1996	2.7%	−4.4%	20.3%
1997	3.0%	−21.7%	31.0%
1998	1.6%	−0.6%	26.7%
1999	1.7%	1.2%	19.5%
2000	2.7%	−6.3%	−10.1%
2001	3.7%	1.4%	−13.0%
2002	1.1%	24.0%	−23.4%
2003	2.6%	21.7%	26.4%
2004	1.9%	5.0%	9.0%
2005	3.0%	17.1%	3.0%
2006	4.0%	23.9%	13.6%
2007	2.1%	31.6%	3.5%
2008	4.3%	3.4%	−38.5%
2009	0.0%	27.6%	23.5%
2010	2.6%	27.7%	12.8%
2011	1.6%	11.6%	0.0%
2012	2.9%	5.7%	13.4%
2013	1.6%	−27.8%	29.6%
2014	1.6%	−0.2%	11.4%
2015	−0.1%	−11.6%	−0.7%
2016	1.4%	8.6%	9.5%
2017	2.5%	12.6%	19.4%
2018	2.1%	−1.1%	−6.2%
2019	1.6%	18.8%	28.9%
2020	2.5%	24.4%	16.3%
2021	1.4%	−3.5%	26.9%

事实上，无论是从短期还是从长期看，黄金投资的收益稳定性并不算好，其收益率更多与市场情绪相关，与通货膨胀本身并没有太大的关系（见图1-1）。而以10年、20年以上的长周期看，其投资的稳定性其实是远低于股票市场的平均水平的。此外，货币的长期贬值趋势就像温水煮青蛙一样，在近50年的时间里，其真实价值丧失了近90%（见图1-2）。

对于大部分普通人来讲，如果没有进行合理的配置，通胀毫无疑问是财富最大的敌人。然而不少大众确实由于担心通货膨胀开始进行投资，但所关注的投资周期往往都非常短。事实上，这样的做法甚至比长期储蓄现金更加危险。

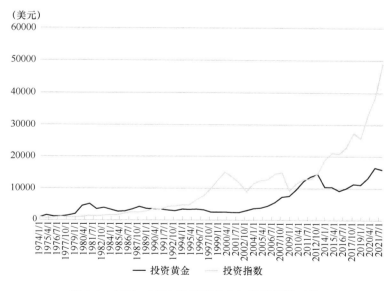

图 1-1　1974—2021 年投资黄金与投资指数对比

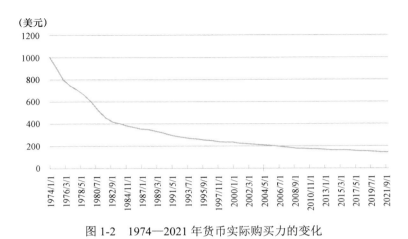

（美元）

图 1-2　1974—2021 年货币实际购买力的变化

图 1-3 中间的线是美国消费物价指数的季度变化，反映物价水平每个月相对于上个季度的变化情况。整体来讲，其每个月相对上个月的变化都是极其有限的，但几乎每个季度，货币的购买力都是呈轻微下降的。如图所示，货币的购买力尽管短期变化不大，但长期损耗的趋势确实是极其明显的。

如果我们想通过资本市场，按照交易日、月度、季度，甚至按照每年的投资收益情况，来弥补同期的物价变化带来的损失，这几乎是不可能完成的任务。从季度指数的变化可以看出，差不多有一半的时间，股票市场的季度收益会好于通胀，而另一半的时间，不仅仅大幅跑输通胀，甚至还会亏钱。毫无疑问，股票市场短期的变化几乎是不可预测的。

美国股票市场的短期变化与短期的通货膨胀并没有太大的关系，但股票却是很好的对冲长期通胀的工具，而货币贬值的速度就像温水煮青蛙一样，长期一点点在不知不觉中消耗了现金几乎全部的购买力。

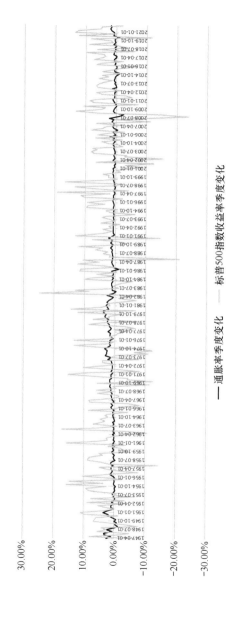

图 1-3　美国通胀率与标准普尔 500 指数收益率变化对比

——通胀率季度变化　——标普500指数收益率季度变化

具有讽刺意味的是，无数的投资者，甚至包括不少的机构投资者，对于内部投资管理的考核，往往都是按照年度和季度，甚至有时候按照月度和周来进行的。事实上，对于绝大多数普通投资者来讲，大家对于投资的短期波动投入了最高的关注度，然而短期的波动对于投资者真实的理财需求其实并不重要。但很少有人按照常识来进行中长期的理性的财务规划，下面让我们来进一步看看理财的本质。

第二节　理财的本质

一个普通家庭或者个人的投资理财需求主要有两个方面。一方面，对于未来大额消费的支持，例如对于大部分中产来讲，支持未来子女的读书、老人的医疗与赡养，以及后续可能出现的住宿条件的改善等大额支出，都需要靠从眼前到未来 5 年、10 年、15 年，甚至 20 年持续的财富积累。

然而，在 10 年以上持续财富积累的过程中，投资者并不需要着急去兑现其中的价值。也就是说，如果投资者对于上市公司长期的发展有确定性的把握，其实投资者远可以忽略其股价在短期一两天、月度、季度，或者是两三年的波动。通过长期的投资，投资者不仅可以在长周期内抵御通货膨胀对自己储蓄下来的购买力的损耗，而且还可以持续获得真实的价值增值，提升自己的购买力水平。

对于这一类投资者来讲，投资对象的价值是否真的可以在未来带来长期收益是至关重要的（见图 1-4）。如果选对了，毫无疑问，最终的收益是极其丰厚的；如果选错了，风险也无疑是巨大的。

图 1-4　投资理财需求 1：持续小投入，长期超额收益

很多看似简单的投资，只是回过头来看觉得很简单。而最终可以创造长期高收益的上市公司也并不算多。在 21 世纪初的互联网泡沫最为疯狂的时候，美股最多的时候有超过 1 万家上市公司，每年新增上市公司大约是 600～700 家。而到现在，这些公司几乎全军覆没。即便是当时的龙头企业亚马逊，在 2000—2002 年时，虽然业务在持续改善，但其股价也曾遇到过超过 90% 的回撤（见图 1-5 和图 1-6）。做这一类投资，最为重要的是，投资者需要有对于企业价值判断的独立思考体系，而这套体系需要有长期的视角，符合常识的基本逻辑。关于这一点我会在第四章的时候做详细阐述。

另一方面，人们的财务需求是稳定的现金流的产出。举例来说，对于勤俭持家且即将面临退休的普通人，儿女早已完成学业，步入社会，有了稳定的收入，而自己也通过长期的工作生涯积累了一定规模的财富，在面临退休之际，会面临现金流收入显著降低的情况，对于退休生活的保障，并不仅仅在于现在资产的高低，而在于如何能够持续稳定产生可以持续增长的现金流，而稳定的现金流可以让其退休以后的生活质量保持稳定。

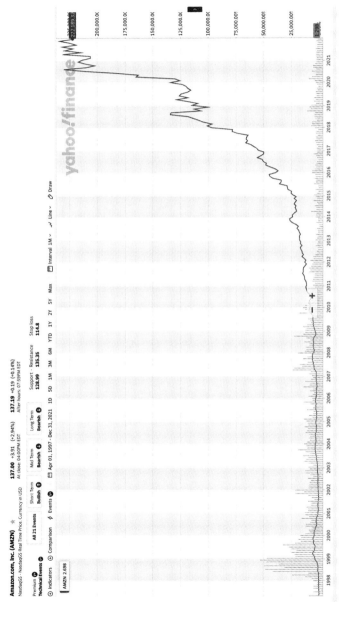

图 1-5 1998—2021 年亚马逊的股价走势

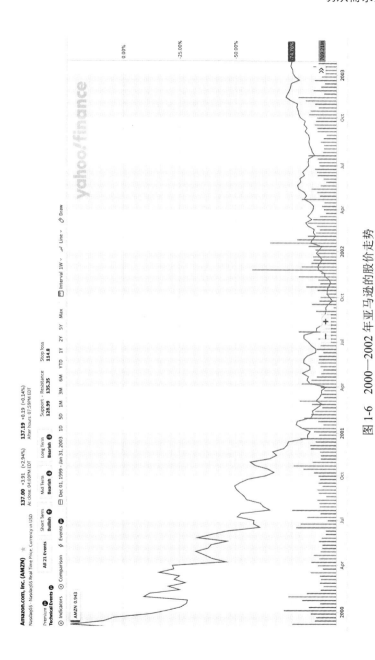

图 1-6 2000—2002 年亚马逊的股价走势

从这个角度讲，短期资产价格的变化对于投资者也并不重要，重要的是这类资产是否可以提供持续稳定增长的现金流。事实上，这一类资产在美国资本市场上也是大量存在的。

对于这一类型的资产，短期的价格变化对于理财的需求其实并没有太大的影响，只要公司可以持续稳定派发股息，长期或者周期性增长股息，股价的波动其实并不重要（见图 1-7）。

图 1-7 投资理财需求 2：投入稳定产生现金流的资产

这一类资产有点类似于保险公司的年金产品。整体来讲，年金的分红往往都是固定的，不增长的。美股中不少公司的分红长期看来是可以不断提升的，例如大家都熟知的宝洁公司，尽管其股价在短期会持续波动，但在过去约 70 年的时间里，保持了每一年每股股息都增长的纪录。

对于这一类公司的投资，重点不在于股价的短期波动，重要的是公司能否在未来较长的时间内，持续地增长公司的分红，公司的业务变化是否支持公司持续分红的能力，公司的治理与企业文化是否也支持公司愿意持续如此去做。

在标普 500 成分指数股之中，连续 20 年持续付息的公司就超过了 200 家。而这 200 多家公司中，在过去 20 年（2001—2020 年）间，以 5 年为一个周期来看，每股股息平均每年增长在 4%以上的公司超过 130 家。这一类的公司，通常来讲业务都比较稳定，更重要的是，公司有着持续增长每股股息的习惯。对于需要现金流的投资者来讲，这无疑也是非常重要的事情。

在这里，我需要特别强调的是，持续增长的每股股息，确实是很多美国公众企业的特征，但这并不是说持续增长每股股息就一定能够为长期投资者创造最大的投资收益，也并不一定就是最好的资本配置的方式与方法。但是这样的特点，为有现金流需求的理财投资者提供了更多的选择。

事实上，这两类典型的理财需求，覆盖了人们几乎所有现实生活中存在的投资理财的需求，而任何一种需求，本质上都与股票价格的短期波动没有任何的关系。为了让大家对于长期投资有更好的理解，我们需要清晰地认识到，在股票市场上投资，本质上是买入了一家公司或一揽子公司的所有权的一部分，长期投资者将会获得作为权益资本提供者的长期收益。

而从短期来看，任何一家公司，哪怕是再优秀的公司，在任何一年当中，股价波动 30%～50%的幅度，都是极其正常的事情。我们在后面的具体案例中会谈到，如何放眼未来把握公司长期增长的逻辑。是否可信、对应的风险是否可控，对于投资者来讲才是至关重要的。而中间价格的波动，其实都是可以忽略的。

这并不代表投资者在很长一段时间对于公司不闻不问就是好事，投资者需要对于公司长期业务的趋势，以及现在的价格对应的长期收益有所思考，将注意力放在企业的长期价值的潜在收益上，而非短期股价波动以及短期业绩变化上。具体的做法，我会在第四章、第五章和第六章做系统的阐述。在具体讲述对于价值投资的理解之前，再让我们关注一下自己有时比较浮躁的内心，我们来看看所谓财务自由的概念。

第三节　财务自由是什么

财务自由是个很热门、让人很向往的状态，但究竟什么样的人，可以称作财务自由呢？被称为"中国通"的英国人胡润，在每一年的中国百富榜中，都会给一个全中国财务自由的标准。比如在 2021 年，胡润研究院发布的财务自由门槛是，中国一线城市财务自由的标准从 1900 万元到 1.9 亿元不等。

在我看来，资产的数字固然重要，但显然，只有资产的数字其实是远远不够的。一个人是否财务自由，根据字面的定义，表示一个人在做任何决定的时候，由于做好了财务上的准备，不需要受到财务因素的困扰。换句话说，如果一个人可以通过财产性收入来满足自己的持续的财务需求，就可以称得上财务自由了。事实上，有一定的财富积累，有基本的理财常识，通过这样的常识持续地获得需要的财产性收入，并且能够理性消费，也就算是财务自由了。就像巴菲特说过的，人其实只要富一次就可以了。

财务自由包括以下三个基本的因素。

第一，客观上需要有一定的财富积累，这是基础。

第二，具备一定的投资理财的能力，能够产生满足需求的现金流。

第三，合理的财务需求。

前两个因素可以说是相辅相成的。对于两个财务需求基本一致的人来讲，如果一个人有能力持续获得年化 10%左右的投资收益率，而另一个人只能持续获得年化 5%的投资收益率，第一个人需要的财富基础只有第二个人的一半就可以。换句话说，提升自身的投资能力，有助于降低自身财务自由的门槛。而对于一个不善于投资理财，甚至投资还会亏钱的人来讲，可能再多的钱也难谈财务自由。

在我看来，实现财务自由最难的部分，不在于财富的基础积累，也不在于基本理财常识，而是合理的财务需求。当一个人的消费欲望不夸张时，实现财务自由并不是一件太难的事情。而如果一个人充满了欲望，即便拥有亿万财富，似乎也很难让其满足。同时，对于很多人来讲，追求快速变富的心态会让自己在生活中不断努力的同时，也在不断地踩坑。

那么如何更好地规划自己的财务，我们应该如何理性走好每一步，又应该如何制定自己的财务目标，通过什么样的手段，可以让我们踏踏实实地走好财务规划的每一步呢？我们在第二章从做好合理的财务规划讲起。

第二章

合理的收益率目标

第一节　理性设定合理的目标

投资大师芒格在接受 CNBC 采访时，曾对自己的投资生涯有过这样的描述：我做投资从来不是为了赚大钱，只是为了财务独立，只是不小心做过了头。所以说，尽管未来总是很难进行精确的预测，但对于未来预期的潜在收益与风险的判断无疑依然是非常重要的。以定量的数据为基础，做定性的判断依然非常重要，长期保持理性与保守的心态，往往会带来意外的收获。

当然，我们在这里讲的理性与保守，是在理性的基础上的保守，而并非自我感觉的保守。而理性的前提是尊重最基本的常识，而不是看已经出现的表面现象。对于大多数投资者而言，能否保持理性更多的是与意愿相关联，与智商与能力的关联度其实并不大。

有不少的投资者，由于缺乏对投资真实风险的辨识度，往往承受着巨大的风险，却自以为做着风险很小的投资。而这样的例子，古今中外，从超高智商的天才，到芸芸众生的百姓数不胜数。

中国的网络贷款业务（P2P）曾经一度风靡全国，投资者在忘乎所以地认为可以稳定获得 15%～20% 的年化投资收益率的同时，却不愿意思考借款人为什么会愿意按照 30%、40%，甚至更高的成本来进行借款。抑或一开始就知道这是庞氏骗局，只是坚信自己不会是最后的买单者。

美国房地产泡沫之前，无数的买房者、放贷者，都简单地相信房地产的价格会永远上涨。甚至数学大师牛顿在 300 年前的英国股票市场中投资南海公司，最终输掉了自己全部的养老金。那么作为价值投资者究竟该如何合理制定我们的投资目标，并做好财务安排呢？

大家首先需要认识到，现在的金融市场的设计并不是给价值投资服务的，所以我们不能想当然地将股票账户里面的资产价值当成随时可以变现的现金。保守的投资者应该拿至少超过 5 年以上不用的资金来投入到股市，才可能获得相对合理的收益。

我们又该如何为自己或家庭的财富做合理的财富规划呢？有两个至关重要的因素，一个是储蓄率，而另外一个是投资能力。举个例子，希望可以引发大家一些思考。以一个刚刚毕业走向工作岗位的年轻人的财务规划为例，我们在这里只比较一下储蓄率与投资能力对于财富积累的作用，并不考虑工作、事业发展等相关因素。

一个刚刚参加工作的年轻人，25 岁时薪酬约为 10 万元/年，为长期投资每年储蓄约 10%，长期投资收益的预计年均收益率水平约 12%，薪酬每年递增 3%，假设与通胀水平相当。如表 2-1 所示，那么这个人在 60 岁退休之时将拥有近 700 万的资产，即便扣除通胀后，实际购买力也相当于 25 岁时候的近 250 万元。50 岁左右时，其财产性收入就会高于其劳动性收入。

表 2-1　普通个人 25～60 岁劳动性收入、储蓄率和资本收益率对比 1

单位：元

| 情　况　1 | | | | | | |
年龄	平均年储蓄率	平均年投资收益率	年收入平均增长率	资产净值	实际购买力	当年薪酬
25 岁	10%	12%	3%	11200	11200	100000
30 岁				97038	83706	115927
35 岁				260626	193930	134392
40 岁				563197	361495	155797
45 岁				112976	62552	180611
50 岁				2101055	1003476	209378
55 岁				3864626	1592175	242726
60 岁				6998419	2487122	281386

　　如果这个年轻人可以将储蓄率提升 3%，从 10% 提升到 13%，在潜在投资收益不变的情况下，经过 35 年的时间，资产净值将提升超 30% 达到近 1000 万元，更重要的是，其财产性收入将提前 5 年左右（45～50 岁）达到与其劳动性收入相当的水平（见表 2-2）。

表 2-2　普通个人 25～60 岁劳动性收入、储蓄率和资本收益率对比 2

单位：元

| 情　况　2 | | | | | | |
年龄	平均年储蓄率	平均年投资收益率	年收入平均增长率	资产净值	实际购买力	当年薪酬
25 岁	13%	12%	3%	14560	14560	100000
30 岁				126150	108818	115927
35 岁				338814	252109	134392
40 岁				732156	469943	155797
45 岁				1446868	801096	180611
50 岁				2731372	1304518	209378
55 岁				5024014	2069827	242726
60 岁				9097945	3233259	281386

如果年轻人不提高储蓄率，而是提升投资收益率，效果会怎么样呢？我们假设其投资能力提升 3%，年化投资收益率从 12%提升到 15%，而储蓄率还是 10%，此时大约工作不到 20 年，45 岁之前，其投资产生的收入就能超过其劳动性收入（见表 2-3）。

表 2-3　普通个人 25～60 岁劳动性收入、储蓄率和资本收益率对比 3

单位：元

情　况　3						
年龄	平均年储蓄率	平均年投资收益率	年收入平均增长率	资产净值	实际购买力	当年薪酬
25 岁				11500	11500	100000
30 岁				107238	92505	115927
35 岁				313198	233049	134392
40 岁	10%	15%	3%	742988	476895	155797
45 岁				1625451	899973	180611
50 岁				3421270	1634017	209378
55 岁				7057498	2907596	242726
60 岁				14399301	5117272	281386

从这个角度讲，从获得长期收益的角度看，投资能力的提升效果，一定程度上好于储蓄率提升效果。当然，如果可以同时提升储蓄率和投资能力，效果肯定是最好的。如果一个年轻人，可以将储蓄率提升到 15%，长期投资能力在年化 15%收益率的水平，那么不到 40 岁，其财产性收入就超过其劳动性收入了（见表 2-4）。

表 2-4　普通个人 25～60 岁劳动性收入、储蓄率和资本收益率对比 4

单位：元

年龄	平均年储蓄率	平均年投资收益率	年收入平均增长率	资产净值	实际购买力	当年薪酬
			情　况　4			
25 岁				17250	17250	100000
30 岁				160857	138757	115927
35 岁				469798	349574	134392
40 岁	15%	15%	3%	1114481	715343	155797
45 岁				2438176	1349959	180611
50 岁				5131904	2451026	209378
55 岁				10586247	4361394	242726
60 岁				21598951	7675909	281386

　　我们会发现，提升投资能力与提升储蓄率都可以大幅提升财富的积累速度，而其中提升投资能力的作用，一定程度上会大于提升储蓄率的作用。对于普通人来讲，提升储蓄率很快就可以上手，最主要是意愿问题，而提升投资能力有一定的难度，但如果对于投资收益的要求不高，整体来讲也并没有想象中的那么难。按照投资大师查理·芒格的说法，需要用常识来进行思考，然而大多数人缺少最简单的常识。本书的第三章和第四章会谈到，我所理解的投资基本常识。

　　回到我们在本书开头所讲述的，尽管美国拥有着全球最好的资本市场，但由于储蓄率过低，以及大量个人投资者不够理性，现在社会的贫富差距越来越大。而对于任何一个普通投资者来讲，如果有足够的储蓄率，再加上合理的方式来进行投资，那么满足生活的财务保障并不会太难。

第二节　买股票还是买指数基金

CNBC 的记者在 2019 年采访巴菲特和芒格时，让他们比较伯克希尔-哈撒韦的股票与标普 500 指数，并问到他们给予普通投资者的建议，最后得到了两个完全不同，但都充满智慧的答案。

巴菲特说道：对于普通投资者来讲，买入低成本的指数基金，并长期持有，是非常划算的，相当于拥有了大量优秀公司的一部分，风险足够分散，是普通投资者非常适合的选择。芒格的回答则非常简短直接：相对于指数，伯克希尔-哈撒韦的长期表现一定会更高。两位合作了一辈子的搭档，面对这样的问题给出了看似截然不同，却又是基于同样投资原则的答案。

在我看来，不论是标普 500 指数，还是伯克希尔-哈撒韦的股票，我相信巴菲特和芒格都没有将其看作可交易的证券，而是看成公司所有权的一部分。低成本的标准普尔 500 指数基金，相当于持有了 500 多家主营收入以美国区域为主的大型企业所有权的一小部分。我们即便是买指数基金也要抱着买资产的心态，来进行长期持续的投资。

伯克希尔-哈撒韦的主要资产，不论是保险、铁路、电力能源，还是全资持有的各种企业，以及被媒体聚光灯所关注的股票投资，其本质都是可以源源不断产生现金流的权益资产。这些资产包括了全美最大的财险公司盖可保险，最大的铁路公司伯林顿北方圣太菲铁路运输公司（BNSF），全美最为重要的传统电力能源公司伯克希尔能源公司的股权，以及全球最值钱的苹果公司超过5%的股权。

从这个角度看，伯克希尔-哈撒韦的股票和标普500指数基金，从本质上都一样，都是长期权益资产的一部分。它们两个仅仅是在资产选择以及资产配置方式上有所不同。我们不在这里做更加深入的讨论。

对于个股投资者来讲，需要的绝对不是花费大量的时间盯着价格变动，投资者需要有远离市场的勇气，同时有着不同于市场价格来思考企业价值的方式。对于企业价值的判断，要站在一个长期小股东的立场上，用常识去思考长期股东收益的来源。我会在接下来的第三章和第四章中分享一下我自己对这方面的思考。

不论是个股，还是指数，对于普通投资者来说，都是需要用长期不用的闲钱来进行投资的。我对于过去72年间（1950—2021年）标普500指数的月度收盘数据做了比较详细的统计。从1950年初到2021年，美国标普500指数从1950年1月的17.05点上涨到2021年末的4766.18点，上涨近280倍（见图2-1）。

按照复利计算，年化复合收益率约为8.3%。根据月度的收盘价格，72年共864个月中，收盘价创下历史新高的次数约为229次，占比约为26.5%，超过了1/4的时间。而两次新高之间，等待时间超过12个月的次数是14次，在864个月中占比约为1.6%。这14次之中，根据月度的收盘数据统计，最大回撤约50%，最小回撤不到8%。最长的等待时间是90个月，大约是7.5年的时间，

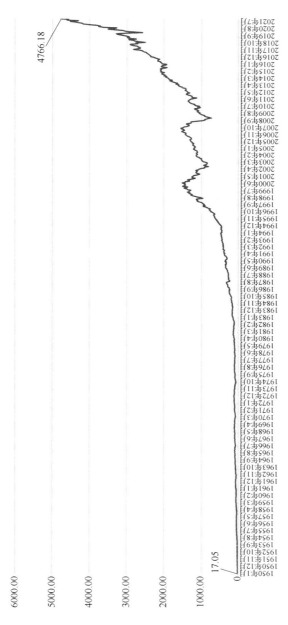

图 2-1　1950—2021 年标准普尔 500 指数走势图

发生在 1973 年 1 月到 1980 年的 6 月。这段时间，最引人注目的不仅仅是由于中东战争引发的通货膨胀，同样还有美联储传奇主席保罗·沃尔克将美国联邦基准利率从 4% 提升到了 20%（见表 2-5）。

表 2-5　1950—2021 年标普 500 指数的月度数据统计

编号	两次新高相距时间（月）	回调开始时间	再创新高时间	开始最高点	最低点	再创新高点位	最低点时间	最大回撤
1	90	1973 年 1 月	1980 年 7 月	118.05	63.54	121.67	1974 年 9 月	46.2%
2	80	2000 年 9 月	2007 年 5 月	1436.51	815.28	1530.62	2002 年 9 月	43.2%
3	64	2007 年 11 月	2013 年 3 月	1481.14	735.09	1569.19	2009 年 2 月	50.4%
4	41	1968 年 12 月	1972 年 5 月	108.37	72.72	109.53	1970 年 6 月	32.9%
5	25	1956 年 8 月	1958 年 9 月	49.39	39.99	50.06	1957 年 12 月	19.0%
6	24	1980 年 12 月	1982 年 12 月	140.52	107.09	140.64	1982 年 7 月	23.8%
7	22	1987 年 9 月	1989 年 7 月	329.8	230.30	346.08	1987 年 11 月	30.2%
8	19	1962 年 1 月	1963 年 8 月	71.55	54.75	72.5	1962 年 6 月	23.5%
9	18	1983 年 7 月	1985 年 1 月	167.64	150.55	179.63	1984 年 5 月	10.2%
10	17	1959 年 8 月	1961 年 1 月	60.51	53.39	61.78	1960 年 10 月	11.8%
11	16	1966 年 2 月	1967 年 4 月	92.88	76.56	94.01	1966 年 9 月	17.6%
12	14	1953 年 1 月	1954 年 3 月	26.57	23.32	26.94	1953 年 8 月	12.2%
13	13	2015 年 6 月	2016 年 7 月	2107.39	1920.03	2173.6	2015 年 9 月	8.9%
14	12	1994 年 2 月	1995 年 2 月	481.61	444.27	487.39	1994 年 6 月	7.8%

资料来源：雅虎金融。

美国资本市场上，标普 500 指数相对于道琼斯工业平均指数和纳斯达克指数，是三大主要股票指数中选择成分指数公司最多的，这在一定程度上降低了单一公司业务风险对于指数的冲击。而成分指数股本身的选择，以及所占成分的比例，也是由标准普尔公司相关的负责人将主观因素和客观标准相结合来制定的。

如果说市场可以在较长的周期里反映企业的内在价值，同时美国市场经济的商业活力可以持续保持，那么无论是像伯克希尔-哈撒韦这样的好公司，还是标普 500 指数，其长期表现都不会有太大的问题。

第三节　个人投资者绝对不要做的事情

对于普通投资者来讲，除了克服恐惧之外，克制自己，抵御诱惑同样重要。有件事情是坚决不要去做的，那就是"借钱投资"，在市场上加杠杆来投资是绝对不要去做的事情。2019 年底，美股正在高位，当巴菲特被采访问到对于股市未来的看法时，他表示，美国资本市场长期肯定是没有问题的，只要投资的钱不带杠杆，就会没有太大的问题。

2020 年初，尽管经历了好几次熔断，但在美联储的刺激之下，美股快速反弹，在 2020 年疫情最为严重的时期，依然出现了大牛市。但如果投资者带了杠杆，可能就要面临在低位不得不被平仓的厄运。事实上，市场上很多量化的机构投资者，也往往是市场追涨杀跌最大的动能。

想要多赚钱的心理显然是可以理解的，但其实这么做，从风险收益比来看是相当不划算的。市场短期的行为基本是很难被预测的，如果一个投资者加了两倍的杠杆，市场短期下滑 30%，那么投资者将面临经纪商强制卖出的危险。如果市场上涨 30%，的确会赚得更多，考虑到杠杆利息的成本，投资者可能会比没有杠杆多获得 50%左右的收益。也就是说，如果没有杠杆，投资者大概会获得 30%的收益，加两倍杠杆后大约会获得 80%的收益。

试想一下，需要为多获得的 50%可能的收益，去承担 100%的资金损失吗？ 如果一个人期待获得 10%左右的年化复合收益率，那么 50%的收益率可能仅仅是三五年的时间成本。加杠杆堪称投资上最危险的事情，对于普通投资者来讲，耐下心来，慢慢地积累，要坚决拒绝加杠杆的投资行为。

对于加杠杆的危险性，其实很多人已经有所意识，但另外一件需要规避的事情——将至少五年不用的资金用于长期投资，这一点的重要性往往被很多人忽略。如果大家仔细去分析很多长青的价值投资者能够持续成功的原因，除了选对公司之外，更重要的是能够长期持有。很多成功案例的背后，都是能够跨周期的长达十几、二十年，甚至更长时间的长期持有。

如果投资的期限仅仅只有一两年，或者是更短的时间，对普通投资者最好的方式肯定不是股票市场投资，货币基金等高信用等级固定收益产品应该是更加合适的选择。此外，对于长期投资来讲，投资者完全可以通过审慎的分析与选择，忽略股价的实时波动，选择合适的价格，进行长期持有，所期待的收益应该来自于公司持续性的股息收入以及长期的价值增值。而对于股息，以及长期价值的收益，我们需要做"定量+定性"的判断。

第三章

避开误区，慢慢变富

第一节　被固化的思维陷阱

对于专业投资者、普通投资者在内的大多数投资者来说，通过新闻媒体来获得信息，是日常工作生活中非常重要的一部分，而随着计算机技术的普及，各种基于基本面的量化数据，也能在各类金融数据终端上找到一些初级的分析。而大多数投资者对于股票的基本分析也局限于此。

这对应了普通投资者最常见的两种思维陷阱。一种是面对新闻消息时的不理性行为，另一种则是用简单的估值数据来对公司价值进行过于简单的评估，我们在下一节来进行详细阐述。

如果将过去几十年的美国财经媒体的头条消息拿出来分析，大概率是好坏参半的，或者坏消息会更多一些。然而从市场长期的走势来看，美股毫无疑问是不断上涨的。绝大多数人的投资习惯是在听到好的新闻之后，冲进市场，在听到坏的消息之后，恐慌地抛售所持的股票。

事实上，像巴菲特这样的投资者往往特别喜欢市场的"坏消息"。巴菲特强调说，好公司的坏消息是价值投资者最好的朋友。这样的投资案例对于巴菲特来说数不胜数。从早期对美国运通公司的投资，到2008年金融危机之后对美国银行业的投资，无不是这样的道理。

巴菲特并不总投资于产生坏消息的公司，他在2016年开始投资苹果时，苹果已经是全球智能手机行业的龙头企业。所以说，对于新闻给予股价以及投资带来的影响，巴菲特总是强调不能依赖新闻内容来做出投资，而是要判断公司长期的经营表现来给公司进行定价。对于普通投资者来说，从了解新闻到做投资决策之间还有对于公司投资价值进行深入分析这一必不可少的步骤。

但遗憾的是，大多数人都匆匆跳过这个必不可少的步骤。事实上，有时候市场会比想象中的更加夸张，会给予那些理性的投资者可观的投资机会。我在这里用 2020 年初美国房地产信托领域出现的个股情况做一个简要举例。房地产信托行业是一个相对好理解的行业，也有一些自身固有的特点。

这个行业里的公司在常规情况下，经营收入与利润往往比较稳定，同时只要公司将其当年利润的 90%用于分红，那么公司将不用缴纳企业所得税。所以这一行业的公司通常都会将大部分的利润用于分红，当然这里的房地产信托并不仅仅是居民或者是商业地产的公司，还包括林业、医院，甚至从事数据中心租赁等相关业务的公司。

2020 年初，新冠疫情在美国扩张，让美国人的社会生活发生了巨大的短期变化，短期的封控让人们增加了互联网上的活动，同时大幅减少了线下的活动。在地产信托领域，有两家比较知名的公司，一家是主要从事线下购物的商业地产公司——西蒙地产，其主要的业务是经营线下的品牌折扣店、奥特莱斯。这家公司于 1993 年在美国上市，并且从上市起，基本上可以不断地持续增加每股股息（见图 3-1）。

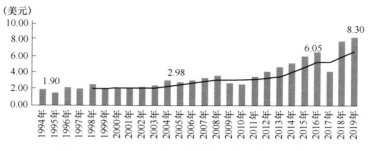

图 3-1 1994—2019 年西蒙地产每年的每股股息

2020 年初的疫情短期重创了这家公司的业务，2 月底、3 月初的时候，这家公司宣布关闭北美所有的门店，并进行了大规模的裁员，而公司的股价也出现大幅下挫。

另一家公司叫作数字地产（DLR），这家公司主要从事的业务是数据机房，其主要客户来自于云服务商等大型互联网科技企业，该公司从 2004 年底上市以来，也基本上是年年派息，且基本上是年年增长（见图 3-2）。而随着人们的生活逐步转向线上，图片、短视频应用的流行，数据机房市场产生了巨大的需求。当疫情在北美开始扩散的时候，该公司每股股价在 2020 年的 1～4 月上涨幅度甚至超过了 20%。而同期西蒙地产的股价跌幅超过了 50%（见图 3-3）。

任何一个看到这样新闻且大致了解公司业务的人，都会在很大程度上考虑投资数字地产的股票，而非西蒙地产的股票。事实上，在 2020 年 3 月中旬，西蒙地产的价格大约为 60 美元/股，而数字地产的价格大约为 120 美元/股。按照过去 12 月的股息率计算，西蒙地产的股息率为 14%，而数字地产的股息率不到 4%。如果说疫情只是短期的阶段性事件，从当时的风险与潜在收益的性价比看，西蒙地产明显要比数字地产好得多（见图 3-3）。

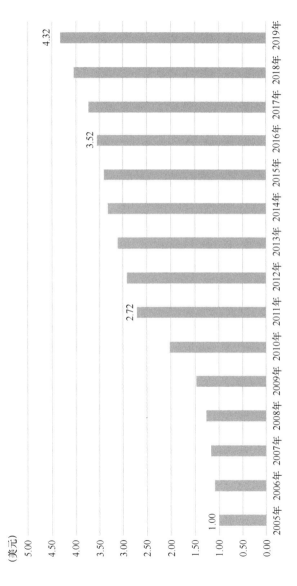

图 3-2　2005—2019 年数字地产每年的每股股价

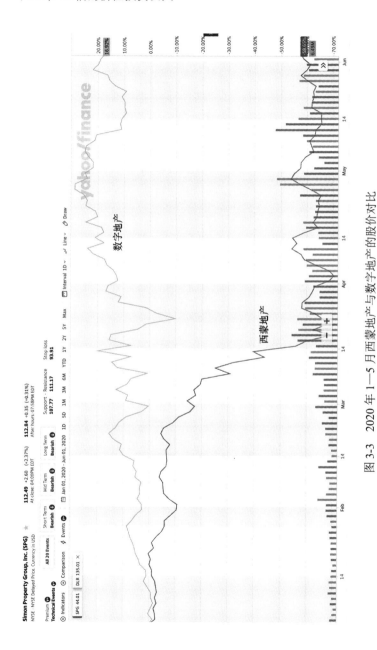

图 3-3 2020 年 1—5 月西蒙地产与数字地产的股价对比

如果投资者可以对公司治理有进一步的研究就会发现，在西蒙地产公布全美所有门店停止营业之前的一个月的时间里，公司几乎所有的董事和 CEO 都在用自己的钱来买公司的股票。其中最大的一笔来自于公司的 CEO，有接近 1000 万美元的金额，相当于其当年的年薪，考虑到美国高昂的所得税，这基本相当于其两年的税后收入之和。

而管理层选择在公布关店之前买入公司的股票，很大程度上体现出公司管理层的职业道德。而在公布关店之后，公司的股价一度跌落至 40 美元/股的水平，同时公司管理层声明当年的付息不低于 6 美元/股。这就意味着按照 40 美元的价格，公司当年的股息率达到了 15%，而疫情恢复后，股息率按照 40 美元的价格水平会超过 20%（2019 年每股付息 8.3 美元）。

毫无疑问，在那个时间节点上，西蒙地产是显著被低估的公司。此外，数字地产公司尽管也是相当不错的企业，但在那时，一定程度上其股价并不算便宜（见图 3-4）。

第二节　关注财务估值数据背后的含义

对于普通投资者来讲，另一个很容易出错的投资习惯就是简单依赖于金融数据终端给出的估值数据，如利润、市盈率、市净率，同时简单看看公司的利润表和资产负债表来对公司进行简单的价值判断，而并没有对公司进行更进一步的深度研究。这样过于简单的投资方式，往往也会让投资者承担不必要的风险。

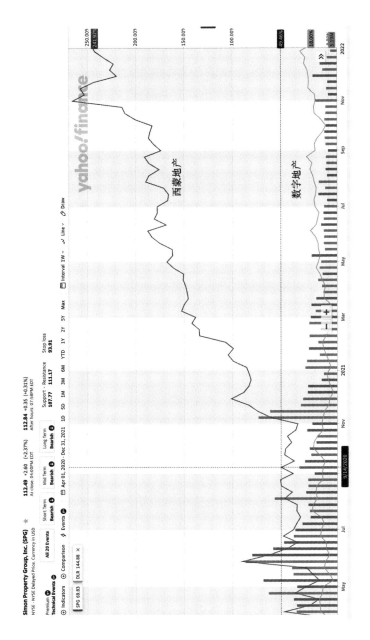

图 3-4　西蒙地产与数字地产的股价对比（2020 年 4 月至 2021 年 12 月）

我经常听到有投资者说，银行业是个能够稳定赚钱的行业，而且估值便宜。我在这里简单地跨周期对比一下美国银行业比较典型的两家公司：花旗银行（Citi Group）和摩根大通银行（JP Morgan Chasebank）。

回到 2006 年，这两家银行在资产规模、净利润水平等方面都是基本相当的（见表 3-1、表 3-2 和表 3-3），花旗银行作为当时最富创新精神的银行，市值约为 2500 亿美元，而老牌的摩根大通银行市值约为 1500 亿美元。从估值水平看，两家银行也基本相当；按照当年股价最高与最低的平均价格看，市盈率水平大体相当。从股息率水平看，花旗银行略微便宜；从市净率角度看，摩根大通略微便宜。从业务数据来看，似乎花旗银行资产规模略大，更加具有吸引力。但大体上说，对这两家公司没有认真了解过的投资者，并不会认为选择投资这两家公司会有什么太大的不同。

表 3-1　2006 年花旗银行与摩根大通的主要业务数据对比

单位：美元

	基 本 信 息	花 旗 银 行	摩 根 大 通
主要业务数据	收入（净息差+非利息收入）（百万美元）	89615	61437
	净利润（百万美元）	21538	14444
	普通股股东净资产（百万美元）	118783	115790
	总资产（百万美元）	1884318	1351520
	每股净利润	4.32	4.16
	每股净资产	23.82	33.34
	当年每股分红	1.96	1.36

表 3-2　2006 年花旗银行与摩根大通的市场表现对比

单位：美元

	基 本 信 息	花 旗 银 行	摩 根 大 通
当年市场表现	流通股数量（百万股）	4986	3473
	股价最高	56.41	49.00
	股价最低	45.05	37.88
	平均值	50.73	43.44
	平均市值（百万美元）	252945	150867

表 3-3　2006 年花旗银行与摩根大通的市场估值水平对比

	估值（按平均价格）	花 旗 银 行	摩 根 大 通
市场估值水平	市盈率（倍）	11.7	10.4
	市净率（倍）	2.1	1.3
	股息率	3.9%	3.1%

我们把时间拉到 2019 年（见表 3-4、表 3-5 和表 3-6），根据财务数据，花旗银行从 2006 年到 2019 年，收入下降了 17%，净利润下降了 10%左右。而摩根大通银行收入同期上涨 88%，净利润上涨了近 140%。另外结合市场价格来看，摩根大通在 13 年后，估值水平基本维持在 10～11 倍左右。而花旗银行从市盈率角度看，估值上变得略微便宜。从市净率看，花旗变得更加的便宜，而摩根大通银行则看起来更贵一些。从股息率来看，两家公司在 2019 年都比 2006 年贵了一些。那么这两家传统银行在这 13 年间，分别给股东创造了多少收益呢？

表3-4 2019年花旗银行与摩根大通的市场表现对比

单位：美元

	基 本 信 息	花 旗 银 行	摩 根 大 通
当年市场表现	流通股数量（百万股）	2265	3230
	股价最高	80.42	140.08
	股价最低	52.22	95.94
	平均值	66.32	118.01
	平均市值（百万美元）	150235	381220

表3-5 2019年花旗银行与摩根大通的主要业务数据对比

单位：美元

	基 本 信 息	花 旗 银 行	摩 根 大 通
主要业务数据	收入（净息差+非利息收入）（百万美元）	74286	115627
	净利润（百万美元）	19401	34642
	普通股股东净资产（百万美元）	175966	234337
	总资产（百万美元）	1951158	2687379
	每股净利润	8.56	10.72
	每股净资产	77.68	72.54
	当年每股分红	1.92	1.96

表3-6 2019年花旗银行与摩根大通的市场估值水平对比

	估值（按平均价格）	花 旗 银 行	摩 根 大 通
市场估值水平	市盈率（倍）	7.7	11.0
	市净率（倍）	0.9	1.6
	股息率	2.9%	1.7%

尽管这段时间花旗银行从业务上看明显低于摩根大通银行，但收益率对比的反差很大程度上会让投资者大吃一惊。如果普通投资者在2006年的时候简单看看财务数据和估值指标买入了花旗

银行的股票,在持有 13 年后,除了仅仅收到微薄的股息外,公司的股价下跌近 90%,即便算上股息收入,13 年的总收益是亏损75.6%。而与之相对应的摩根大通银行,同期的收益率是盈利221.9%,对应的年化复合收益率是 10.4%(见表 3-7)。

表 3-7　2006—2019 年花旗银行与摩根大通的股东收益对比

单位:美元

花旗与摩根大通2006—2019 年股东收益对比	2006 年	期间每股股息合计	2019 年	2006—2019 年综合回报	2006—2019 年年复利回报	备　　注
花旗银行平均每股价格(复权)	50.73	5.755	6.632	−75.6%	−13.24%	2008—2009年大比例的股权增发稀释,2011 年 10 股合1 股
摩根大通银行平均每股价格	43.44	21.82	118.01	221.9%	10.40%	2008—2009为满足监管少量稀释,后续大幅股票回购;期间没有拆股或合股

在 2006 年时,从普通消费者的角度来看,两家公司的业务基本类似,财务数据相差并不算大,而估值水平也基本相当,但所提供的长期中小股东收益却如此巨大,这就是我们在这节内容中特别强调的部分,投资看财务数据是必要条件,但绝对不是充分条件,普通投资者需要充分理解财务数据背后的含义。

摩根大通与花旗银行两家公司的业务都是比较好理解的,银行业务的主要收入来自于两个方面,一个是存贷的利差,另外一个是中间业务收入。

对于存贷利差业务来说，银行承担信用风险，银行从储户那边吸收储蓄，形成银行的债务，同时向客户发放资产形成贷款。另一块业务是银行作为中间商赚取的，出售各种金融产品，提供投融资中介服务，这一类业务银行并不需要承担信用风险，主要做的是中介服务。

银行业通常都只有 10%～12% 的股本金，对应近 90% 的债务。所以对应的杠杆比例都比较高。而且银行的债务对应的都是储户的储蓄，拥有全社会最低的融资成本，如果坏账水平控制得好，银行可以说是一门赚钱非常稳的生意。但是如果银行的资产出了状况，股东也将受到严重的打击。

从 2006 年到 2019 年，美国经历了众所周知的由房地产的次贷危机引发的金融危机，而在当时，在房地产次级债相关领域有着巨大风险资产的花旗银行，毫无疑问业务上受到了重创，其股价毫无疑问也出现大幅下挫。而为了保障储蓄者的资产安全，花旗银行不得不接受美国政府的救助，低价时大幅稀释了股本。所以尽管作为公司，经过了 10 年还是叫花旗银行，但对 2006 年持股至今的股东来说，那个花旗银行早已破产了。

2009 年，花旗银行的股价最低时相对于 2006 年下跌约 98%（从 50 美元下跌到 1 美元）。而花旗银行出现大幅亏损后，不得不通过股权融资补充资本金，在股价最低的时候，通过增发等形式将公司股本从近 50 亿股增长到近 300 亿股，股本扩张了 5 倍多，原股东的股比被大幅稀释，同时原股东还承担了大量的亏损。

　　另一方面，摩根大通银行由于次级债业务相对少很多，且其风险管理非常稳健，除了在当时特定情况下，不得不接受政府的救助款外，公司并没有在低价时进行大量的股权稀释，而金融危机过后，公司又将大量赚来的利润通过股票回购的形式回馈给股东，降低流通的普通股的数量。所以到了 2019 年，公司流通股的数量比 2006 年还有了小幅的减少。信用风险把控能力的差异，最终决定了两家公司的长期股东收益的巨大差异（见表 3-8）。

表 3-8　2009 年花旗银行与摩根大通的市场表现对比

单位：美元

	公　　司	花 旗 银 行	摩 根 大 通
当年市场表现	流通股数量（百万股）	28477	3880
	股价最高	7.46	47.47
	股价最低	1.02	14.96
	平均值	4.24	31.215
	平均市值（百万美元）	120742	121114

　　芒格与巴菲特总是强调要用常识在能力圈范围内做投资。投资并不复杂，但如果我们把投资想得过于简单，就太过天真了。站在长期中小股东的立场来思考资本收益，与站在经营者、消费者以及企业员工的角度看问题有些时候确实是有类似的地方。比如，消费者可能会因喜爱某些公司的产品而对公司的经营产生洞察，公司的员工对于企业运营过程中所显示的活力、对于公司领导者的认可都可能会影响其对于企业股票的投资。

　　价值投资的核心关注点还是与上述有明显的差异的。我们可能喜欢或不喜欢公司提供的产品，也可能喜欢或不喜欢这家公司对待员工的方式，但落到投资的问题上，没有人因为喜欢某家公司的产品或者是喜欢某家公司的企业文化，而为亏损的投资欢呼雀跃。相反，对于有些不是很喜欢的公司，如果通过投资可以获得理想的收益，大多数情况下投资者都不会不高兴。

　　作为普通投资者，我们在做投资决策的过程中，要抛开一些莫名的情绪，应该学会站在长期投资的角度，理性思考企业的投资价值与潜在收益之间的关系。接下来，我们看看对于公司的投资价值，我们需要如何进行思考。

第三节　对价值、价格以及价值投资的误解

　　价值投资是个绝对热门的财经词汇，但像盲人摸象一样，市场上各说各的，我在这里做一些简单的总结和对比，供普通投资者更好地思考资产价值的问题。在讨论资产价值的过程中，通常会有三种形式。

　　第一种：资产交易过程中所形成的交易价格，例如股票市场上实时变动的交易价格（Market Price），这一点很好理解，我们不做更多的阐述。

　　第二种：根据会计规则所形成的资产价值，例如上市公司经过财务报告审计后的净资产价格（Book Value）。

第三种：由本杰明·格雷厄姆提出来的企业内在价值，也就是长期价值投资者所关注的。

会计规则所形成的资产价值，是根据会计准则，经过审计师评估所形成的财务数据。比如一家公司，根据最新的年度财务报告，资产负债表上有 100 亿美元的净资产、10 亿股的股本，根据利润表，公司有 8 亿美元的利润，那么公司股票的每股净资产就是 100 亿 ÷ 10 亿 = 10 美元/股。而公司过去一年中每一股的盈利就是 8 亿美元 ÷ 10 亿股 = 0.8 美元/股。

这些数据都和公司已经公布出来的财务数据相关，但这与预测未来公司能赚多少钱，并没有直接的关系。如果这个时候股票的交易价格是 12 美元/股，那么股票的估值，按照最新年报的数据，市净率就是 12 ÷ 10 = 1.2 倍，按照最新的盈利数据，市盈率是 12 ÷ 0.8 = 15 倍。

市场上有一类投资者被称为价值型投资者。价值型投资者是与成长型投资者相对应的，主要投资于根据财务数据以及市场价格的评估，估值较低的企业。这一类型的投资者通常会参考公司的市净率、市盈率、市值/自由现金流、企业价值/EBITDA 等可完全量化的数据指标来进行投资。

这一类型的投资者对于企业业务本身并不进行更加深入的研究。通常情况下，价值型投资者通过对不同行业的多家公司进行一定程度的分散投资，来规避单一公司出现"价值陷阱"的风险。

因为从业务发展情况来看，往往其中是有便宜的原因的。价值型投资者在分析公司的时候，有些环节与真正的价值投资者有重叠，但本质上是两类投资者。

内在价值是价值投资者评估资产价值的唯一标准。和公司财务数据不同，内在价值并不是一个固定的数值，同时随着时间的推进，公司的内在价值也将不断发生变化。根据巴菲特在伯克希尔-哈撒韦股东会上给出的定义，内在价值就是资产未来所产生的现金流的总和，且是根据一定的折现率折现之后的总和。

从巴菲特的定义就能看出来，对于资产未来产生现金流的评估，每个人的判断可能会是多种多样的；而折现率的选择不同，内在价值的评估可能会是天差地别的。所以内在价值相对于市场价格以及财务数据的估值方法，更加具有明显的主观性，很大程度上取决于投资者个人对于公司或资产未来产生现金流的判断水平，以及投资者对于这种判断的信心水平。我会在第五章对价值投资做更加深入的分析。

第四节　生产性资产：价值投资者选择的唯一标准

以价值投资方式做投资，所投资的标的首先是在未来可以产生出现金流，而这种现金流产生的逻辑并不因标的资产在资本市场上购买者愿意购买的价格而产生变化。所以说，黄金、原油期货、大宗商品这些资产看起来流动性很好，但这些资产所产生的收益必须通过出售资产来产生，这些资产本身并无法产生现金流。

与之相对应的股票或是债权则代表了投资者对于可产生现金流的资产的所有权。股票作为一家公司所有权的一部分，为公司提供生产活动所需要的资本，同时公司通过生产活动，不断创造的企业利润才是股东长期收益的基础。债权持有人的收益同样来自于企业经营过程中价值的创造。

价值投资者对于黄金的态度，最好的解释莫过于巴菲特在2011 年致股东的信中的表述。巴菲特在信中将投资的资产类别大致分为了三类。

第一类：股票、公司股权等权益类资产。

第二类：现金、债权、债券等固定收益类资产。

第三类：以黄金为主的各种大宗商品。

相对于股权或者股票，以及债券等固定收益品种，黄金属于非生产性资产（Unproductive）。对于为什么伯克希尔不投资黄金，巴菲特在信中写道：第二类主要的投资类型包括那些不会生产出任何东西的资产，而资产的购买者必须通过其他购买者出高价才能够赚钱。而所有的购买者都知道这些资产不会生产出来任何的价值。比如，17 世纪荷兰郁金香成为人们短期最喜爱的投资品种。这一类的投资要求不断地有新的买家进入，然后他们能够相信未来可以以更高的价格卖出，资产所有人对于资产本身能否创造价值并不感兴趣——事实上，资产本身永远也不会生产任何东西，而是相信其他人愿意为之付出更高的价格。

这一类资产中的典型代表就是黄金。当下很大一部分投资者由于对于其他投资种类的担心（尤其是持有现金）而投资黄金。然而黄金有两处致命的缺点，黄金既没有太大的使用属性，又很难产出新的价值。尽管黄金在工业以及装饰上有一定的使用价值，但是这部分的需求有限，同时也无力创造新的产能。如果投资者永续持有一盎司[⊖]的黄金，最终也就只有一盎司的黄金。黄金投资者的动力来自于恐惧。

在 2000—2010 年，这一观点被证明是正确的。进一步说，黄金价格的上涨来自于更大的购买热情，同时吸引更多的购买者参与其中，那些参与黄金投资的人在某个阶段形成了自我的投资逻辑。当今世界黄金大约有 17 万吨。如果把所有的黄金融化放到一起，大约有 68 英尺[⊜]的立方体，按照当下 1750 美元每盎司计算，黄金的市值大约是 9.6 万亿美元，我们把它称之为 A。而我们创造另一个同样价值的组合 B，里面含有美国全部的农场，大约 4 亿英亩，每年创造价值 2000 亿美元的农产品，同时还含有 16 个美孚石油公司（世界上盈利能力最强的企业之一，每年盈利约 400 亿美元）。用 A 的资金买 B，即便买完农场和 16 家美孚石油，我们还能有大约 1 万亿美元的现金。

试想一下，如果一个投资者有 9.6 万亿美元，他会选择 A 还是 B 呢？对于当下黄金做简单的估值，按照当前价格，当下每年

⊖ 一盎司黄金约等于 31.103481 克。
⊜ 1 英尺约等于 0.3048 米。

黄金的产值约 1600 亿美元，而不论是珠宝还是工业的使用者都必须吸收这种额外的供应，才能维持当前的黄金价格保持稳定。

试想 100 年后，4 亿亩良田可以生产相当数量的玉米、小麦等诸多农作物，而不论到时候的货币是什么，美孚石油公司很大可能向股东支付数万亿美元的股息，而投资者拥有 16 家这样的公司。

对于黄金的持有者，17 万吨黄金依然是那 17 万吨黄金，无法生产任何东西，持有者可以爱抚它，但它不会有任何回应。但我也承认，即便 100 年后，当人们恐惧时，也有可能再去买黄金。然而当下价值 9.6 万亿美元的资产 A，在一个世纪后的价值将远低于资产 B 的价值。

对于另外两类资产：

第一类：以债券为主的固定收益资产。

第二类：以股票、私有公司的所有权等为主的权益性资产。

这两类资产中，毫无疑问，从长期角度看，权益类的资产更加受到伯克希尔的青睐。但无论是以债券为主的固定收益资产，还是以股票或股权为主的权益性资产，其长期价值都来自于公司生产活动所创造的价值，所以都算是生产性资产。而由于税务以及通货膨胀的长期存在，好的权益性资产的投资收益，毫无疑问在大多数情况下要好于固定收益资产。

第四章

美国股票市场简要介绍

第一节　美国资本市场一览：从组成结构看格局

在绝大多数人眼中，美国资本市场上，大多数都是那些明星科技公司与中概股。而事实上，美国资本市场上的公司结构，很大程度上体现出来资本市场是如何不断支持企业逐步变大的过程。根据 Wind 金融终端数据库的统计，截至 2022 年 4 月底，在美国的公众公司大约有 7000 家。其中经常进入大家视线之中的千亿美元市值以上的超级大公司只有 106 家。按照市场传统观点中超过 50 亿美元市值为大市值公司的标准，大市值公司的数量为 1263 家，占比不到 20%。而小于 5 亿美元市值的超小市值公司占比超过了一半（见表 4-1）。

表 4-1　美国资本市场公司组成（截至 2022 年 4 月）

公 司 类 型	数　　量	市 值 标 准
超级大市值公司	106	大于 1000 亿美元市值公司
大市值公司	1263	大于 50 亿美元市值公司
中等市值公司	1408	10～50 亿美元市值公司
小市值公司	737	5～10 亿美元市值公司
超小市值公司	3507	小于 5 亿美元市值公司

数据来源：Wind 金融终端。

现实的数据与人们日常在媒体上看到信息的感受可能会有所不同。事实上，美股并不只有科技巨头，而不断推陈出新的小公司经过大浪淘沙，总会有一部分可以站到时代的潮头。而很少部分的大公司如果掌握了持续成功的密码，也同样有机会在这个市场中成为持续稳定发展的常青树。

按照行业来分，美国资本市场的上市公司大致可分为 11 个大类，分别是工业、信息技术、金融、医疗保健、电信技术、材料、房地产、可选消费、能源、日常消费以及公用事业（见表 4-2）。对于这些行业中的重点行业，我们会在接下来两节中做进一步的介绍。这其中，工业行业不仅仅涵盖了霍尼韦尔、3M、联邦快递这样的老牌工业公司与运输公司，也包括了 PLUG 这样的新能源的新晋玩家。

表 4-2 美国资本市场上市公司行业分类（截至 2022 年 4 月）

单位：家

2022 年 4 月 29 日		公司数量	公司数量占比	超过 50 亿美元市值公司数量	超过 50 亿美元市值公司数量占比
1	工业	575	8.3%	152	12.0%
2	信息技术	924	13.3%	238	18.8%
3	金融	2205	31.7%	183	14.5%
4	医疗保健	1292	18.6%	134	10.6%
5	电信技术	55	0.8%	23	1.8%
6	材料	290	4.2%	84	6.7%
7	房地产	237	3.4%	69	5.5%
8	可选消费	772	11.1%	194	15.4%
9	能源	277	4.0%	73	5.8%
10	日常消费	204	2.9%	58	4.6%
11	公用事业	114	1.6%	55	4.4%
	合计	6945	100.0%	1263	100.0%

数据来源：Wind 金融终端。

与大家印象中的美国产业空心化不同,在这 11 个主要行业中,传统与现代实体经济中最具有代表性的生产性行业,信息技术、工业、医疗保健、公用事业以及能源占据了上市公司数量的近46%。而在超过 50 亿美元市值的大公司中,这一比例更是超过了50%。而消费领域尽管从 GDP 的角度看,占据了 70% 的经济总量,但可选消费与日常消费两个领域的公众公司仅仅占公众公司数量的不到 15%。在超过 50 亿美元市值的大公司中,其占比约为 20%。

从这个角度看,单纯说美国社会更多消费、放弃生产、产业空心化显然是过于片面的。最为直接的解释是,公司在不断追逐资本收益的同时,会简单地将低附加值的产业外包到生产成本较低的地方,公司在美国的主体主要从事高附加值部分的业务,用来不断提升公司的整体资本收益率水平。这也很好地解释了为什么美国一方面保持了资本市场中股市的长牛,另一方面,不少本土的劳动者随着产业的转移而失去劳动岗位,使得美国本土的居民对于全球化有非常复杂情感的现象。

实体经济是一个国家或地区的核心资产,美国作为最为发达的国家,实体经济最好的体现形式就是美国一家家优质的企业。自工业革命以来,工业、能源等行业就是当今社会发展的基石;而信息技术则毫无疑问在当下与未来社会价值创造中的作用也将变得越来越重要;而在医疗保健领域中,不断推陈出新的药品与器械,对于人类生活质量的提高以及人均寿命的提高,也起着至关重要的作用。

在本章接下来的几节里面，我对美国资本市场中的工业、信息技术、医疗健康、能源、金融等几个主要的行业做一个简单的梳理以及基本投资框架的拆解，帮助投资者更好地理解美国本土市场上的上市公司的业务情况。

第二节　工业：低调的行业

在涵盖 11 个行业、约 500 家公司作为成分指数股的标普 500 指数中，近一半的公司（241 家公司）在 2001—2020 年实现了持续每年支付股息。其中，占据成分指数股中的 69 家工业公司中的 45 家工业公司实现了 20 年每年支付股息。

由于很多工业公司的业务都是面向企业的，工业公司并没有成为媒体报道的焦点，这是资本市场上最为低调的领域。工业公司的主要业务包括生产、分销与运输相关的资本货物，资本货物的种类包括了行业设备、国防设备、基础建设设备、工业设备、电力设备等。工业公司同时也包括了相关的运输公司，例如航运、铁路、汽车交通等领域的公司。

传统意义上大多数工业公司往往具有产品同质化程度高、行业周期性强等特点，但近 20 年来，一方面，越来越多的工业公司在逐步寻找自己的长期产业定位，通过市场的细分、产业专利的研发，来有效提升公司在市场中的定价权，并希望能够稳定产品的销售额以及利润水平。

另一方面，过去几十年来，越来越多的公司逐步放弃产业多元化的发展方式，转向专注于提升产品与服务来提升在行业中的竞争力。在企业并购中，也更加关注资源的整合，而非盲目的业务扩张。同时，随着生产全球化，对公司成本与市场的战略评估也往往跳出了本土的范畴，站在全球视角来进行评估与优化。

由于工业公司的客户大多不是终端消费者，公司在采购过程中对于产品性能以及价格都具有更加理性的考量，所以产品性能以及生产成本，往往决定着公司的经营效率。而从财务角度看，资产周转率以及毛利率，往往能够体现出公司在产业竞争中的地位。

资产周转率是用销售额除以总资产计算出来的。对于相对稳定的产业，资产周转率能较好地评估产能与销量之间的关系，资产周转率越高说明产能可以被市场所消化，同时资产设备得到了更好的利用。毛利率是用公司的毛利（收入减去产品相关的生产成本）除以收入计算出来的。毛利率比较好地评估了产品本身在产业中的议价能力，毛利率越高，说明产品在交易过程中的议价能力越强。

不同的工业产品，需求周期也完全不同，例如从事铁路运输的太平洋铁路公司和从事飞机制造的波音公司的产品需求周期，可能完全不同。而产品市场需求的变化，以及原材料成本价格的变化，对公司资金周转水平以及利润水平往往会产生较大的影响。这一点与能源行业中的公司比较类似。我们在这里简要分析通用电气（GE）、丹纳赫（Danaher）、派克汉尼汾（Parker Hannifin）、

Generac 控股（Generac Holdings InC.）四家典型的工业公司的发展情况。

为了降低行业周期性对于资本收益的影响，过去几十年来不少明星工业公司都在尝试着改进自己的经营策略以及商业模式。20 世纪 80 年代，杰克·韦尔奇作为通用电气的 CEO，通过产业多元化的方式将通用电气从一个传统工业企业转型成为横跨媒体、金融、医疗、电气设备、航空等多个领域的集团公司。然而随着杰克·韦尔奇的退休，由于在金融业务上过度在地产业务的投机，以及在能源设备产业的押宝失败，通用电气已经成为一家没落的明星公司，并且在恢复的道路上苦苦挣扎。

更加具有借鉴意义的是，另一家当代工业巨头丹纳赫的前 CEO 拉里·卡尔普（Larry Culp）在 2018 年年末加入通用电气后，正在通过各种方式逐步改变通用电气的经营模式，通过拆分与重组的方式，让公司更加关注产品与生产效率，将不存在业务协同的板块拆分后进行独立上市。在 2022 年，公司计划后续逐步将医疗、航空、能源三个业务从主业中分立出来，从而让每个业务单元更加专注于自身的业务，专注于产品与经营效率。

去中心化的管理方式不仅仅是丹纳赫过往几十年来取得成功的秘密，也逐步成了很多长青美国公司成功的秘密。丹纳赫作为当代美国最为成功的工业巨头，尽管名气上没有通用电气那么大，但毫无疑问，相对于产业多元化发展的通用电气，更加专注于产品与去中心化管理方式的丹纳赫取得了更好的发展效果。

丹纳赫在早期是与房地产相关的投资公司，从 1985 年开始涉足工业领域。在那个时代里，尽管美国工业水平依旧在全球独树一帜，但日本在汽车、精密制造等领域正在逐步超越美国的工业水平。洞察到这样的趋势后，从涉足工业领域开始，丹纳赫的方向就是向优秀的日本工业公司学习，建立专注于产品的企业文化。在资本运作上，很大程度上通过收购与整合的手段，保持了公司在业务上的灵活度。根据 2021 年公司年报，丹纳赫超过一半的业务收入来自于外部的并购。

自进入工业领域以来，丹纳赫在数十年的业务发展中，证明了自身模式的成功。在 1985—2021 年的 30 多年时间里，其总收益增长达到了惊人的 1700 多倍，远超于同期的通用电气（12.5 倍）以及标普 500 指数（不到 24 倍），而伯克希尔-哈撒韦的业绩尽管达到了近 300 倍的股东收益，但相对于丹纳赫的长期成功也显得相形见绌（见表 4-3）。

表 4-3　丹纳赫、通用电气、伯克希尔-哈撒韦、标普 500 指数的股东收益对比

1985 年 1 月—2021 年 9 月	代　码	总回报倍数（倍）	年化复合收益率
丹纳赫（Danaher）	DHR	1709.9	23.0%
通用电气（GE）	GE	12.5	7.5%
伯克希尔-哈撒韦（Berkshire Hathaway）	BRK/A	293.9	17.1%
标普 500 指数	GSPC	23.9	9.3%

数据来源：雅虎金融。

构建类似企业文化的不仅仅是丹纳赫，老牌工业公司派克汉尼汾也是工业公司中将产品做到极致的代表。该公司是成立于

1938 年、有着近 90 年历史的老牌工业公司，其主要产品包括工业轴承、控制技术与系统，其产品广泛应用于航空航天、农业、化工、电信、新能源、交通等多个行业领域，其销售网络遍及美国的 38 个州以及全球 44 个国家和地区，客户数量超过 50 万家，产品在生产制造、交通等领域都发挥着至关重要的作用。

其 50 多万家客户对于该公司收入的贡献极其平均，任何一家客户为该公司创造的营收都不超过总营收的 3%。2022 年 6 月，派克汉尼汾将季度股息从 1.03 美元/股提升到 1.33 美元/股，创下了连续 66 年每年增加每股分红的纪录。毫无疑问，如通用电气、丹纳赫、派克汉尼汾这样的传统稳健的工业公司，体现出美国深厚的工业基础。

除了老牌的工业公司外，我们会发现很多中小型的传统工业公司也随着一些传统行业的变化，在细分领域找到了新的发展机遇，这里我们介绍一家大家可能并不太熟悉的优秀企业 Generac 控股。

这家公司成立于 1959 年，早期的主要产品是便携式发电设备，该公司在 80 年代逐步将产品线扩展到工商业领域，并建立了广泛的销售渠道。2000 年以来，由于美国整体电网系统相对脆弱，居民遇到停电的事件逐步增多，特别是当极端天气出现时，停电事件爆发的频率越来越密集，居民对于美国电网现有基础设施愈发不满，同时激发出家庭备用电源需求的大幅增长。尽管在当时家用供电设备依然是个非常小众的市场，但该公司的首席执行官亚伦·贾德菲尔（Aaron P. Jagdfeld）看到了这一行业长期的发展机会，逐步开始聚焦业务，Generac 控股成了专注于家庭备用电源设备的玩家。

尽管这一领域在当时还非常的小众，也有不少像卡特彼勒（Caterpillar）这样的传统大工业公司参与其中，但很少有公司将这一领域当成主业来经营。Generac 控股是唯一一家将家庭备用电源作为公司主业来进行经营的公司。专注所带来的好处，就是公司相对于竞争对手可以更敏锐地关注到行业的痛点以及行业的发展机遇。

Generac 控股在 2010 年 IPO 之后，通过一系列对产业上下游的并购，重塑了自身的商业模式，从单一的设备提供商逐步转型成为一家专注家庭能源技术解决方案的公司。从单一的工业设备提供商转为面向家庭提供能源生产、储存、合理利用的家庭能源系统的综合服务运营商。该公司在 2010 年到 2021 财年的 12 年时间里，收入从不到 6 亿美元，增长到 37 亿美元，同时公司净利润从不到 5700 万美元，增长到 5.5 亿美元。该公司 12 年的股东收益，也超过了 10 倍以上。这些数据相对客观地反映出公司的成长轨迹（见图 4-1）。

虽然工业行业在传统意义上具有一定的周期性，但依然有不少好的公司在跨周期保持成长。由于工业行业离我们的日常生活相对较远，这一类的公司往往会被不少投资者忽略。

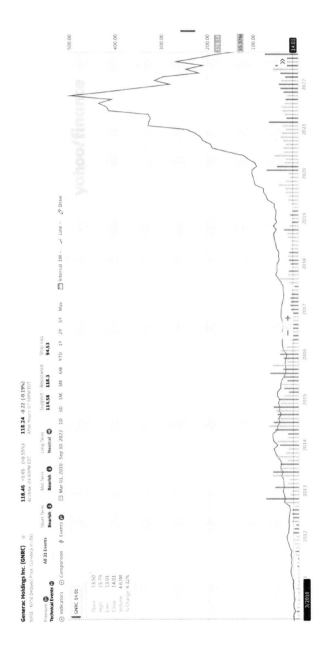

图 4-1　Generac 控股收入变化

第三节　信息技术产业：21 世纪最重要的产业

信息技术领域是美股市场中当之无愧的最大热门，从工业革命到信息技术革命，美国可以持续地引领世界与美国市场上层出不穷涌现的信息技术公司关系密切。相对于传统的工业公司，信息技术领域尽管是在不断蓬勃发展的，但行业竞争是异常残酷的。

20 世纪 90 年代，互联网方兴未艾，IBM 在那个时期是不可一世的蓝色巨人，而雅虎也曾经一度不可一世，英特尔作为集成电路巨人，是美国跨时代的象征，而短短二三十年，曾经的辉煌早已都烟消云散。英特尔与 AMD 的地位瞬间发生对调，而雅虎也早已暗淡没落。曾经红极一时的美国在线等独角兽公司也早已不知去向。但像苹果、谷歌、脸书、赛富时等这样一批批后起之秀让美国持续在这些领域保持成功。信息技术行业的公司，从业务上大致可以分为软件类与硬件类两种。

软件公司的产品形态大致有操作系统、数据库、企业资源管理系统、客户关系管理系统、安全软件、工业软件、游戏软件等。过去的 20 多年时间里，可以说软件公司的商业模式逐步发生了很大变化。

20 年前，软件销售更多的是像产品买卖一样，靠出售软件授权来进行一次性的售卖，产品单价高、毛利高，而且产品迭代之后，新一代的软件产品与老一代的软件产品之间就存在了不可避免的业务上的竞争关系。更为重要的是，对于软件公司来讲，不同时期的产品之间的竞争，使得公司很难依靠销售的情况来判断产品改进的程度。例如，对于买了微软 Office 98 办公软件的消费者来说，即便 Office 2000 在产品功能上有了很多的提升，但消费者可能也不会因为少许的改进而重复购买基本功能相似的产品。

而这对于资本市场来讲，也是相当不友好的。投资者往往喜欢可以预测的现金流，一个爆款的软件产品可以让公司两三年的业绩非常的漂亮，但后续的业务收入非常难以预测，所以资本市场上也很难有持续好的表现。而这也是软件即服务（Software as a service，简称 SaaS）在过去 10 多年里流行最为主要的原因，我在第七章中介绍的 10 家公司中，Adobe、 Intuit、曼哈顿联合软件等公司都是典型的从卖授权转向 SaaS 服务的典型代表。

硬件的发展离不开摩尔定律。什么是摩尔定律呢？英特尔公司的创始人摩尔在 1965 年任仙童半导体公司的研究主任时在接受媒体采访时表达了对行业发展的一个惊人的发现，即每一代芯片的产生都是在前一代芯片产生后的 18～24 个月内，同时每个芯片包括的晶体管数量大约会增加一倍，而对应的微处理器的价格会降低一半。

硬件领域与软件领域的发展因摩尔定律交织在一起。21 世纪初，英特尔与微软的合作堪称是摩尔定律的完美展示，不断进步的硬件性能，又被不断提升的软件需求所吃掉。软硬件的共生性是硬件行业发展的重要驱动力。

尽管软硬件领域的发展有着天然的差异，也很少有公司能同时将硬件与软件做好，但苹果则是这一领域的独特的存在。乔布斯在很早之前的采访中定义苹果的优势时就表示，由于苹果既做软件又做硬件，两个部门的人之间的协调可以更加高效，而不需要像传统的单一的软件公司或硬件公司那样，在产品开发上需要各种的适配。

同为信息技术领域里的电子消费品公司，苹果可以将硬件产品的毛利率控制在 30%～40% 的水平，而像惠普这样的公司仅仅能够维持 20% 左右的毛利率。更重要的是，依托操作系统与硬件，苹果可以轻松地将自身的各种软件服务，如苹果音乐、图书等，集成到系统之中，同时将软件系统生态开放给合作伙伴，收取相关的渠道费用。

如果说传统信息技术行业提供的更多是工具，那么过去 20 年来，利用科技力量在垂直领域发展的科技公司越来越多。这些公司有时候会被划分到非科技领域，如通过互联网来传播内容的奈飞公司，被划入了媒体行业；而借助科技手段在远程医疗领域深耕的 Teladoc Health 被划在了健康行业；而借助人工智能及科技力量从事信贷、信用评价等业务的 Social Finance、Upstart 等公司被归入了金融行业；甚至传统意义上的科技公司，如 Adobe，现在也自称为内容公司（Content Company）。信息技术正在越来越快地与各个行业进行深度融合，其中的投资机遇也越来越多。

第四节　医疗健康产业：高风险、高收益

医疗行业也是美国上市公司中数量占比最大的行业之一。在约 7000 家上市公司中，医疗健康行业的公司有近 1300 家，占比接近 20%。市值超过 50 亿美元的大公司中，医疗健康行业的公司超过 130 家。

从产品形态上来看，医疗保健行业大致可以分为医疗器械、医药以及医疗服务三个领域，其中医疗器械与医药的产品都严格受到美国食品药品监督管理局（FDA）的审批。

从投资的角度看，医疗健康行业不仅专业性强，而且由于未来现金流往往很难预测，所以对于单一公司来讲，往往也存在着巨大的风险以及同样巨大的投资机会。我们先来看看医疗器械领域。

医疗器械领域的定义极其的宽广，从简单的体温计，到 B 超、核磁共振设备，再到复杂的心血管支架、起搏器，这些都属于医疗器械的产品。在美国，FDA 根据使用过程中可能对人身造成的伤害风险，将医疗器械设备分为三类。第一类属于风险最低的设备，潜在风险最高的设备为第三类。第一和第二类的医疗器械有些时候是可以申请相关的审批豁免的，但如果不能被豁免，产品在公开销售之前，则需要获得 FDA 出具的 510K 的通告，来说明该产品是安全且有效的。第三类医疗器械，例如起搏器等，则需要最高等级的验证后，才可以投放市场。

发达国家人口老龄化为医疗器械带来了长期稳定增长的发展市场，美敦力的心脑血管设备，强生的骨科相关的医疗器械，雅培公司的血糖诊断设备等长期都保持着稳定的业务增长。好的医疗器械公司除了有丰富的产品线之外，市场拓展能力同样重要，特别是对于第三类医疗器械，医生的使用习惯往往决定了患者采用什么样的治疗设备，而这种建立在医生使用习惯上的市场拓展，转化成本也是巨大的，但也帮助医疗器械公司在各自的领域建立起非常强大的护城河。

大型医疗器械公司通过长期稳定的销售，转化为持续的研发投入，帮助公司的产品线不断升级。同时，不少新的医疗器械公司在成立不久后，仅仅有产品的雏形，还缺少资金进行持续性的研发投入和市场推广的时候，就被大型的医疗器械公司所并购。整体而言，与医药领域相比，医疗器械领域具有更好的业务稳定性，如强生公司保持着连续数十年增加每股股息的纪录。

与医疗器械类似，医药在美国同样面临着严格的监管，任何医药产品在推向市场之前必须通过 FDA 的三轮测试，满足药物广泛的治疗效果的同时，还必须具有可控的副作用。对于任何一款新的药物，无论实验室的结果多么漂亮，测试时间都是无法躲开的成本，一款药品在申请专利后，往往具有 20 年左右的专利期。在药品推向市场之前，需要花 6～8 年的时间去通过 FDA 的三轮测试，当产品最终在市场上开始销售时，往往只剩下 10 年左右的专利期。在专利期内，制药公司将享受很高的毛利水平，而专利期之后，仿制药公司将会几乎无差别地复制药品，此时原研药的价格将会出现极大幅度地下降。专利保护制度推动了美国医药公司在研发上的大量投入，同时促进了行业的快速发展。

然而，过高的医药价格，使得很多患者无法负担使用原研药高昂的费用，而很多负担不起高昂原研药的患者不得不丧失获救的希望。如何平衡人道主义和刺激医药公司研发投入并不是本书需要讨论的问题，投资者需要知道的是，医药公司并不是平白无故享受高毛利，也并不会永远享受高毛利。等到药品的专利期一过，当几乎无差别的仿制药进入市场，药品的毛利将瞬间降低到40%左右。

投资者同样需要意识到，在美国一款原研药的平均投入是 10亿美元以上，同时耗费超过 10～15 年的时间，在通过 FDA 测试之前，这些药品专利所能产生的现金流都是零。而更要命的是，约 90%的药品是无法通过 FDA 的测试的，医药的投资对于公司及投资者更像是在专业的领域买彩票。能否对于医药公司的产品组合有着清晰的认识与持续性的判断，决定了投资者是否可以持续获得好的收益。

对于医药行业，长期合理的预测其实是相当难的一件事情。要对公司所拥有的药物的专利期有清晰的认识，对于这些药物能否通过 FDA 的测试要做到心中有数，还要对药物潜在的市场有清晰的认识。在多重不确定因素的基础上，投资者想要做好持续准确的预测，确实是一件非常困难的事情。

相较于过去 10 多年稳定发展的医疗器械领域，医药行业则发生了更加巨大的变化。随着大分子化学药品的研究遇到瓶颈，传统的制药公司纷纷进入生物制药领域进行大量的研发。与此同时，辉瑞、雅培、诺华制药等传统大型制药公司在过去 10 年里，都无一例外地将自身的原研药公司独立于仿制药或其他业务板块，进行独立发展。

这些公司在业务分立之后，往往更加专注，也获得了相当不错的股东收益。例如，雅培公司在 2013 年之前是从事营养品、医疗器械、诊断仪器以及专利药品研发等多个业务板块的综合集团公司。在 2012 年底，雅培公司面临 Niaspan、修美乐等几款重要的专利药品专利到期，在销售业绩下滑的压力下，选择将公司进行拆分，将现金流较为稳定的营养品、医疗器械以及仿制药业务独立出来成为新雅培公司，同时成立专门针对专利药进行研发的专利药公司——艾伯维。

原来的雅培公司，在 2013 年初变成了两家业务完全不同的上市公司。艾伯维公司加大了在生物制药领域的投入，并在过去 10 年里，取得了相当不错的股东收益（见图 4-2）。

传统制药龙头辉瑞公司，采用了类似的做法，该公司在 2020 年 11 月将专利药品业务与仿制药业务进行了拆分。而诺华制药也预计在 2023 年对于仿制药与专利药业务进行分拆。

除了医药与医疗器械领域外，以医疗保险为主的医疗服务领域的上市公司同样是医疗健康行业里面的主要玩家。如果说医疗器械与医药领域的公司更加贴近科学，产品从研发到市场有很多的

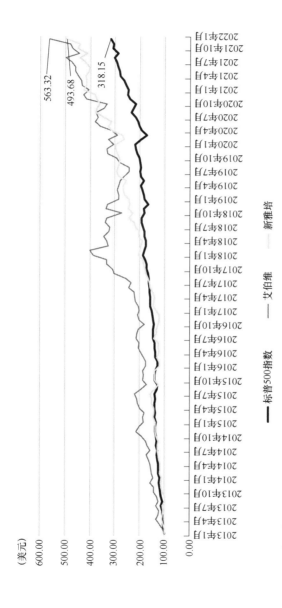

数据来源：雅虎金融。

图 4-2 标普 500 指数、艾伯维、新雅培的股票走势对比（2013 年 1 月至 2022 年 1 月）

不可预测性，那么医疗保险服务领域则和整个制度的设定紧密相关。这个领域的公司大多以健康保险业务为主，如联合健康保险（United Healthcare）和哈门那（Humana Inc.），但同时也有像西维斯健康（CVS Health）这样的药品零售公司。

医疗保险与人寿保险相比，由于其期限往往较短，通常为 1 年左右，但又具有很强的医疗领域的专业性，所以在行业上划归医疗健康领域而非金融领域。医疗保险在大多数情况下都属于纯费用型保险，类似于我们平时的车辆保险，意味着客户需要按年来进行购买，而健康险保险公司的赔付比例一般在 80%左右。但是与车险的红海市场不同，医疗保险很多时候是在做着稳赚不赔的买卖。

由于医疗保险涉及个人健康，同时美国州政府与联邦政府都有相关的国有保险体系，所以很多保险公司的保费收入主要是承接来自于政府的健康保险项目。例如，联合健康保险在 2021 财年近 2900 亿美元的收入里面，来自于联邦及州政府的收入就达到了约 50%。

而在过去 10 年，由于奥巴马医保计划大幅提升了美国医疗保险的参保人数和覆盖群体，也在很大程度上帮助这个行业在过去几年实现了快速发展，并出现了很高的股东收益。过去 10 年，不论是联合健康保险，还是哈门那保险都实现了大幅超越标普 500 指数的收益表现（见图 4-3）。

美国的医保体系除了公司和个人购买的健康险外，最大的投保人就是美国联邦政府和各州一级别的相关保障，其中美国联邦政府的医疗保障体系叫作 Medicare，地方政府的相关保障叫作

Medicaid。Medicare 和 Medicaid，这是美国政府 1965 年起推出的对于私人保险无法覆盖的低收入或严重疾病人群的公共健康保险服务。其中 Medicare 主要针对 65 岁以上或存在严重疾病的人群，而 Medicaid 主要是州政府与联邦政府共同为低收入家庭提供的健康保障的服务。

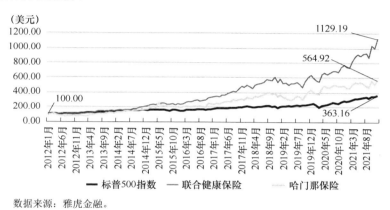

数据来源：雅虎金融。

图 4-3　2012—2021 年标普 500 指数、联合健康保险、
哈门那保险的股票走势对比

Medicare 主要包括四个部分（Part A、Part B、Part C 和 Part D），其中 Part A 主要覆盖住院费用，包括护士护理等。Part B 主要覆盖门诊费用、医生问诊、常用医疗设备、基本检测，甚至包括急救车服务等。Part C 类似于一个高端版的 Medicare，个人可以针对自己的情况，根据商业保险公司提供的服务自行做选择。这其中最大的大头应该是 Part D，它是主要覆盖门诊病人的处方药的保险。Part D 也是完全由像联合健康保险这样的私人保险公司与政府

签订合同后，向患者提供服务的。这些与公司业务相关的数据都会在相关公司的财务报告中有翔实的披露。

工业、医疗以及信息技术这些行业中，更多比拼的是硬科技的实力，在这些领域中，无论是中国的公司还是美国的公司，在经营过程中所遇到的问题往往不会有太大的差别。而与此同时，也会有一些行业，由于中美两个市场上监管与社会文化上的差异，行业中的公司在经营上就会有较大的差异。下一节，我们来看看那些与中国市场中存在差异的行业

第五节　能源行业：现代文明不可或缺的行业

新能源在最近这些年变成了越来越热门的话题，然而 2022 年的俄乌冲突，让全世界重新认识到传统能源行业的价值，事实上目前世界上仍然有 2/3 的能源使用来自石油与天然气。而且通过天然气发电替代传统煤炭发电的大趋势基本已经形成。也就是说，未来的很长一段时间里，传统的石油和天然气依然会是全球的主要能源供给。

即便作为世界能源转型的先行者，热门公司特斯拉的首席执行官埃隆·马斯克，也不止一次强调传统能源的稳定性对于社会发展的重要性。在美国资本市场中，属于能源行业的公司有 270 多家（截至 2022 年 4 月 30 日），其中市值超过 50 亿美元的公司超过 70 家。根据能源产业链上位置的不同，大致可以将这些公司分为行业上

游、行业中下游以及能源服务公司。同时，能源交易市场综合了产业市场与金融市场双重属性。我们接下来做更进一步的分析。

能源行业上游企业主要指从事勘探与开采工作的公司，英文是 exploration and production，简称 E&P。通常来讲，这个阶段的核心就是油田，这些公司重点关注三个问题。

（1）油田在哪里？

（2）有多少储量？

（3）开发成本是多少？

上游企业在开采油田的过程中，通常都会有油服公司作为合作方，协助进行开采工作。上游企业经营受到油价影响较大，一旦油价出现大幅下跌，甚至低于了开采成本，很多油田的开采工作就会被叫停。油服公司的业绩也会因此受到影响。整体来看，上游企业有四个比较显著的特点。

（1）高风险，高收益。打油之前要做大量前期工作，但是并不能保证后续有产出。

（2）受到政府与环境部门的严格监管，所有的勘探、钻井、开采，甚至油田枯竭后的报废工作都会受到严格管制。

（3）受全球政治因素的影响非常大。

（4）上游也是整个能源行业技术最为复杂的领域。

活跃在产业上游的企业，除了埃克森美孚、BP、壳牌等全产业链的综合性能源公司外，还有许多政府直接控制管理的石油公司，例如沙特阿美、墨西哥国家石油等。另外，由于美国市场经济制度相对灵活，美国本土还有很多像先锋石油、响尾蛇能源这样的独立的石油开采公司。

能源行业的中下游领域，主要包括四个方面：冶炼、化工、运输与销售。其基本的经营模式就是向上游购买原油，经过加工生产成产品销售后，赚取中间的差价。其中，运输和存储的过程有时候也单独叫作中游的业务。美国页岩气技术的成功，给中游业务带来了新的机会。

下游主要包括原油冶炼、产品生产、批发与销售等。中下游提供的终端产品有数千种之多。有些产品我们会很熟悉，如汽油、柴油以及航天飞机用油。另外，还有甲烷、乙烷、乙烯、苯等石化产品，这些石化产品会被进一步加工成溶剂、各种聚合物、染料等，最终变成化妆品、洗涤剂、肥料等产品进入到我们的日常生活中。

由于终端产品的价格相对稳定，下游企业的经营主要受油价波动的影响，过高的油价会导致中下游业务的利润的萎缩，较低的稳定的油价环境则会给中下游业务带来不错的利润率。

（1）油服公司

与上游业务结合最为紧密的是油服公司，它们不直接生产石油或者天然气，主要在石油与天然气勘探与生产过程中提供勘探、钻井、测试、生产、保养等服务，以及产油过程中的特种设备等。这一领域最为主要的三家巨头公司是起源于法国的斯伦贝谢、美国的贝克休斯以及哈里伯顿。

由于并不掌握能源资源，仅仅提供项目开发的相关服务，油服公司往往在行业景气度高的时候拿到稍高的业务利润，但无法享受油价上涨带来的利润红利，而在行业景气度低的时候，又会遇到停工、客户无法付款等各种困境。总体而言，油服公司在过去的长期经济周期中，往往很难给予股东长期较好的投资收益。

尽管这一行业中大部分的公司都是与上游行业公司开采项目相关的项目制公司，但随着信息技术以及材料科学的发展，传统油服领域的三大巨头公司，也开始重塑自身的业务模式，希望将传统的项目制业务，逐步转化为工业信息技术平台，将传统的技术优势逐步数据化、平台化。

信息技术、材料科学与商业模式的融合，正在让这个领域逐步产生一些高附加值的商业模式。在消费互联网逐步发展成熟之后，传统的低资本收益的能源服务行业，在未来反而可能产生新的机会。

（2）能源价格与市场

能源的价格主要是由现货市场与期货市场来形成的。所谓现货市场，涉及的是实物交易。和买房类似，现在交钱就可以收楼的，叫作现货市场。而期货市场价格是货物的远期交易价格。现货与期货市场相互影响，特别是期货交易过程中，仅有少部分比例最终会进行实物的交易，而大部分仅仅是具有金融属性的合约交易。

对于石油行业来讲，大部分的原油实物交易市场集中在主要油产区或其周围运输方便的区域。根据产地不同，诞生了世界上主流的三大原油基准价格，分别是布伦特原油交易价格、迪拜阿曼原油交易价格以及美国西得州原油交易价格。

布伦特原油市场位于英国北海区域，是 20 世纪及 21 世纪初最具有影响力的能源交易市场，在 2000 年顶峰时期，该区域每天可以生产超过 600 万桶的原油，而现在的产能每天也可以生产 200 万桶以上，尽管与全球每日超过 1 亿桶原油的产量相比，布伦特原油的产量仅仅占比 3%，但全球原油金融合约交易中，超过 2/3 都是将布伦特原油交易价格作为合约的基准价格。因此，布伦特原油交易价格对于全球金融市场有着重要的影响。

中东是全球重要的石油产区，其中阿曼地区是全球最早发现原油的地方，这一区域的原油主要出口亚洲地区。迪拜阿曼石油交易价格是迪拜商品交易所的主要石油合约的基准价格。

美国西得州原油交易价格（West Texas Intermediate，简称WTI）是以美国石油最大的中转区域俄克拉何马州库欣市的贸易结算价格作为基准。随着美国西部区域能源开采活动的加大，以及美国能源独立之后开始对外出口能源产品，WTI 石油基准价格的重要性和影响力都在不断加强。

虽然都叫原油，但产油区域不同，在油品质量上，还是有不少差别的，比如迪拜阿曼地区的原油含硫量较高，价格也会相对便宜一些。

此外，由于三个区域处在不同的发展阶段，产业的成熟度及物流条件也存在着较大的差异。比如，虽然 WTI 的油品质量相对于布伦特原油更好，但价格在大部分的时间都低于布伦特原油，这和当地成熟的海运基础设施，以及产业配套的成熟度是有很大关系的。另外，西得州地区的原油主要用于美国本土的汽油市场，所以也是美国本土原油消费的主要来源。

而全球其他区域的原油生产与贸易，都会根据自身的油品质量、运输成本，并结合这三大区域的原油基准价格，来制定自己的原油价格。虽然各种大型小型的能源贸易公司在这些主要的市场中从事大量的贸易套利业务，使得三个市场的价格长期走势基本相同，但原油质量、各个原油中心的油品质量以及相关产业的配套基础设施的情况不同，使得三个区域的原油价格总是不完全一样的。

相对于石油市场，另一个主要能源品种天然气也开始在人类生活中起到越来越重要的作用。天然气是仅次于石油的第二大能源消耗品，诸多国际巨头都不断强化天然气业务发展的重要性。例如，2017年沙特阿美公司将天然气业务列入公司核心战略；埃克森美孚在天然气生产、液化与气化、运输等多个领域投入巨大，并建设了全球最大的液化天然气（LNG）运输列车与船舶；BP更是表示，到2020年，公司天然气产量要在油气产量中占比超过60%。与石油不同，天然气在发电上的应用有着更大的潜力。美国差不多1/3的天然气，都用于发电。

与石油交易一个很大的不同，就是天然气的计算单位很容易混淆。石油原油价格通常以桶为单位，1桶原油约等于159升原油。但天然气被开采出来时是气体，开采阶段主要使用的计算单位是百万立方尺和十亿立方尺。由于早期天然气主要用作取暖，所以在买卖过程中主要采用的单位是美元/百万英热，比如说 2020 年 1 月美国亨利港天然气现货价格为 2.02 美元/百万英热（$2.02/BTU）。一百万英热的天然气相当于我们平时把 3 吨的自来水烧开所需要的能量。而我国在天然气进出口交易过程中使用的主要单位是吨，1 吨天然气相当于 48.2 百万英热，也就是差不多 46500 立方英尺，或 1300 立方米。

由于天然气产业在生产、传输等基础设施的建设水平相较于石油产业还有较大的差距，相比于更加全球化的石油市场，天然气市场正处于从区域市场向全球市场的转型期。另外，在传统的天然气合同中，往往会将天然气价格与石油价格进行一定的关联，这也导致目前的天然气市场价格会严重受到石油价格的影响。但随着液化天然气技术的提高，以及基础设施的不断完善，天然气市场正在逐步从区域性市场变成全球性市场，其价格也在逐步摆脱石油价格的影响。特别是随着目前全球最大的几家综合能源公司天然气业务的占比与储量都逐渐超过了传统石油业务，这一转变正在加速。

能源的金融市场基于原油/天然气的现货价格的金融合约为主要交易对象，投资者不直接买卖原油，而是直接进行现金结算。举个简单的例子，在纽约交易所里，我们可以买入下个月布伦特原油的期货合约产品，假设是 80 美元每桶，到了下个月，如果布伦特区域的原油价格是 90 美元，我们不会得到一桶价值 90 美元的布伦特原油，而会直接得到 10 美元。交易所里面超过 95% 的交易都是由现金来直接进行结算的，真正需要实物交割的合约不超过 5%。这些金融合约每天在金融市场上进行交易。

前面提到的布伦特、西得州的原油价格，以及亨利港的天然气价格，就是这些金融产品的基准价格。虽然基准价格是由产业的供需双方来决定的，但是金融市场的价格同样对于这些基准价格有着非常重要的影响。现实情况下，很多产业资本会根据自身的需求，利用资本市场所提供的金融工具来进行风险对冲，规避石油和天然气价格的波动给自身带来的经营风险。

能源金融市场的发展，给了很多非综合性能源公司更多的发展空间，特别是在北美独立的能源开采公司，可以不用自建中下游的业务，而通过金融市场来对冲自身的销售风险。而很多石化冶炼公司也可以通过金融市场，控制自身业务的原材料成本。

事实上，在传统能源行业中，最大的投资机会还是在美国本土的独立能源开采公司，当然这种投资机会总是会周期性出现，而这一领域最难做的事，莫过于对于未来能源价格的判断。但总体而言，资本开支相对保守的上游行业的公司以及大型的综合性能源公司的表现往往好于行业的平均水平。而这一领域有些机会甚至不亚于快速发展的科技行业。

2013—2019 年是传统能源价格大幅波动的岁月，而在美国二叠纪区域里，持续掀起能源独立的革命，伴随着开采技术的成熟，越来越多的中小型能源公司快速地崛起。由于油价的巨大波动（见图 4-4），埃克森美孚等传统巨头在八九年的时间里提供的股东收益少得可怜。

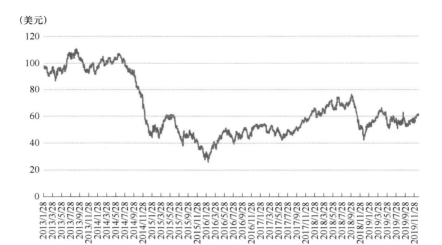

图 4-4 2013—2019 年西得州原油的价格走势

即便如此，像响尾蛇能源这样专注于美国西部能源开采的独立能源开采公司却提供了丝毫不亚于科技公司的股东收益。响尾蛇能源是一家 2007 年成立、2012 年 10 月在美国上市的传统能源开采公司，该公司主要是在美国西得州的二叠纪盆地进行能源开采和业务经营；该公司早期在美国二叠纪盆地区域收购了 4000 多英亩[⊖] 的土地用于能源开采。

10 年时间里，通过并购重组，该公司的开采面积扩展了近 50 倍。从 2012 年 11 月上市之初到 2019 年年底，响尾蛇能源公司的股东收益达到了惊人的 4 倍以上，高于同期的苹果和谷歌不到 3 倍的股东收益，同时也远高于同期标普 500 指数不到 130% 的投资收益（见图 4-5）。

⊖ 1 英亩约等于 4046.86 平方米。

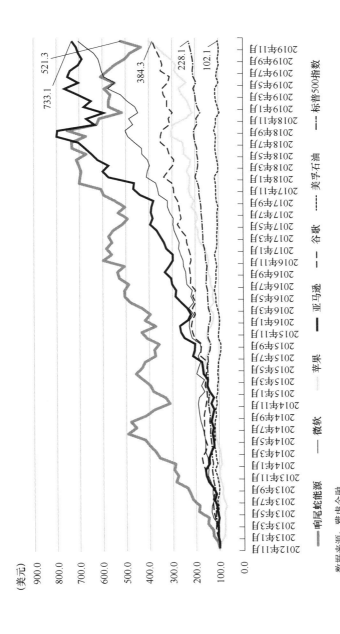

图 4-5　响尾蛇能源、苹果、谷歌、美孚石油等公司的市场表现（2012 年 11 月至 2019 年 11 月）

数据来源：雅虎金融。

第六节　金融行业：西方社会运转的核心

本质上，金融行业是经营资本风险的行业，金融业面对的风险主要包括信用风险、流动性风险，以及利率风险。信用风险主要是指金融企业借贷客户的信用风险，例如个人或者企业等无法按照合同约定进行还款，给金融企业带来的损失。例如个人购房者通过贷款来进行买房，当房地产市场价格上涨时，个人购房者如果没有按照合约还款，银行可以通过出售房产来补偿自身的潜在损失，但当房地产市场价格出现回落时，如果购房者丧失了还款能力，无法按照合约偿还贷款，银行将不得不面临客户违约所带来的信用风险。

流动性风险指的是当金融企业遭遇一些特殊事件时，无法快速将自身的资产变现，而出现的现金不足的危机。20 世纪 30 年代的美国大萧条就是由于信用风险引发的，最终由于流动性风险造成的全球经济的大萧条。

利率风险指的是当在利率变化周期中，特别是在利率上升周期中，金融机构面临由于利率变化造成的潜在的投资风险。利率变化，或者说利率上升，为什么会给金融机构带来潜在的风险呢？

相对于大家常见的股票市场，金融机构在业务上最常遇到的是固定收益市场的产品，例如个人的房贷、车贷、信用卡等金融服务，企业的债券服务等。在金融机构将钱借给客户的同时，这笔业务形成的债权关系也成了金融机构赚钱的资产。当然，在美国市场上，金融机构通常不会一直持有这些资产，而是根据自己的业务需要，将这些资产放在市场上进行交易。

而对于固定收益市场来说，交易的价格与利率水平有着很大的关联。通常情况下，利率升高，资产价格就会下降，而金融机构的资产就将面临价格波动的风险。而这种由利率变化而引发的风险，通常称作金融机构所面临的利率风险。

金融行业同样是个高度受到监管的行业，但在公司运营和市场监管的方式上，中美两个市场有着较大的差异。在中国，金融行业的公司根据业务属性不同，分别受到证监会和银保监会的监管，同时银行业务还会受到中国人民银行的管理。

在美国，由于很多金融企业都在进行混业经营，例如摩根大通既有传统的商业银行业务，又有投资银行业务，同时还在经营证券公司的经纪业务以及资产管理业务等，所以美国的监管与管理机构基本以美联储与证监会为主。

当然，对于金融这种涉及社会稳定的行业，即便在崇尚自由经济的美国市场，监管从来都是非常严格的，同时企业运营的方式以及政府监管的方式也是随着时代的变化而不断变化的。

例如，在20世纪初，以摩根家族为主导的合伙制的银行业主导了金融行业的发展，并且在1907年美国银行危机中，J.P.摩根公司力挽狂澜，帮助美国银行业度过了挤兑危机。危机之后，美国开始建立相应的联邦储备系统，美联储作为中央银行的作用开始逐步显现。美国经历过20世纪30年代大萧条之后，对于资本的投资深恶痛绝，在国会通过"格拉斯−斯蒂格尔法案"之后，美国政府强制要求商业银行禁止从事投资银行的业务，于是J.P.摩根公司中的投资银行业务部门从大集团中独立出来，成了日后赫赫有名的摩根士丹利公司。

而随着新兴产业的快速发展，传统意义上的银行贵族 J.P.摩根逐步从合伙制的业务模式转向公司制，并于 20 世纪 40 年代在公开市场上市。具有讽刺意味的是，到了 80 年代，美国的金融企业由于无法混业经营，在业务竞争中远不如欧洲的银行业具有竞争力。20 世纪 80 年代末至 90 年代初，随着美国逐步放开金融管制，大型的银行业又重新开始了混业经营的模式。以投行业务起家的摩根士丹利、高盛等金融巨头，也开始经营起商业银行的业务，而当年剥离投资银行的摩根大通也重新捡回了投行业务。

在这个传统且受到严格监管的行业中，同样有着伴随科技进步而不断出现的巨头。当电话在 20 世纪 70 年代的美国快速兴起之时，嘉信理财（Charles Schwab）在金融领域开创性地采用电话确认并处理订单。而当时绝大多数的证券公司都还停留在与客户进行大量无效的面对面的沟通来促进交易。

嘉信理财的做法让这个 70 年代中刚刚成立的经纪公司在行业中有了快速发展，公司在 20 世纪 80 年代初首次提供 "7×24 小时" 的不间断的订单交易服务，并在中国香港开设办公室，逐步走向全球化。20 世纪 90 年代初，借助互联网技术革命，该公司将自己的服务平台逐步从电话下单转向网络服务，并将公司业务从单纯的经纪业务逐步转向养老金管理、基金销售、财富管理等与客户黏性更高的业务服务上。如今，传统的经纪服务占公司业务收入的比例已经微乎其微。

如果看嘉信理财公司的财报，我们就会发现其业务非常有意思，一方面，该公司依托经纪业务，但又与传统券商不同，该公司完全不经营投资银行的业务；另一方面，又与传统券商不同，该公司有着监管最为严格的银行业务。

回顾公司的历史，我们会发现该公司从创立之日起就是通过技术进步来不断推动证券市场发展的先行者。该公司创立之时，传统证券公司还在通过不断推销股票来促成交易以获得高昂的佣金收入，嘉信理财就借助电信业技术的发展，通过电话下单系统，被动执行客户的指令，这样的做法大大降低了用户的交易成本。由于嘉信理财从不主动推荐也不打扰客户，这种做法得到了越来越多的客户认可，引领了华尔街金融机构的发展方向。

在其他金融机构不断跟进其电话下单系统的同时，20世纪90年代，随着互联网行业的发展，嘉信理财再次引领了行业的发展。伴随着美国养老金系统的改革，嘉信理财不仅成为全美最大的网络券商，也成了全美大型的互联网基金销售平台，后续为了更好地提升用户体验，公司还增加了银行业务。投资者通过资本市场获得的财产性收益可以直接通过银行卡进行转账和消费，公司逐步成了面向个人的综合金融服务平台。

如果投资者可以在1987年嘉信理财上市时买入其股票并持有至2021年底，在34年的时间里，总体收益率将达到惊人的710多倍。按照复利计算，年化复合收益率超过22%，甚至高过巴菲特掌舵的伯克希尔-哈撒韦公司的平均长期投资收益率。而同期指数的投资收益仅仅为17倍，而传统金融巨头摩根大通的投资收益也仅仅为56倍（见图4-6）。

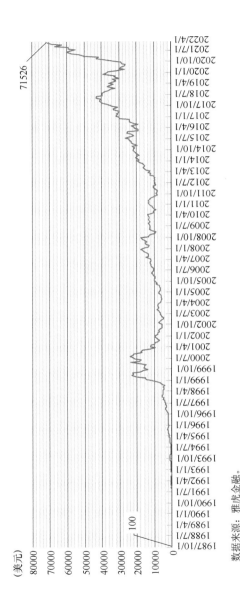

图 4-6　嘉信理财的股票价格走势图（1987 年 10 月至 2022 年 4 月）

数据来源：雅虎金融。

　　当下，随着人工智能、大数据等科技的快速发展，金融与科技的结合再次迎来了快速发展的浪潮，从信贷效率的提升，到支付领域的变革，传统科技公司、传统金融巨头以及新兴的金融科技公司无一不在快速地进行着业务布局。而未来 20 年的最终胜利者，也一定会为长期投资者创造出超额的投资收益。

第五章

价值投资常识

第一节　买什么：对中小股东长期收益的思考

价值投资的体系关键在于现在付出的钱，承担适当的风险，将来获得更多的钱。对于普通投资者来说，股票收益就是作为公司出资人所获得的财产性收益。试想一下，如果有一个管理者定期和你谈论某项生意经营的情况，以及未来长远的规划与判断，而你如果选择和他的团队一起做这个生意，那么你除了出钱，什么都做不了。你不能参与公司的经营，也不能对管理者的待遇有所安排，由于持股比例很小，甚至对公司每年赚来的钱如何分配，也基本没有什么发言权。

这种状况就是在二级市场上普通投资者选择价值投资方式时真正需要去面对的问题。对于这样去投资一个不大可控的生意，作为长期中小股东（甩手掌柜）的你，最希望了解公司什么信息呢？

首先，投资者肯定希望能够判断公司未来能否持续地产生利润，因为利润与现金流是回馈股东的基础，如果一家公司永远不赚钱，那么股东毫无疑问就是做"慈善"了。但是，公司究竟是从什么阶段开始盈利，或是放弃短期的盈利，或是期待未来获得更大的盈利这些问题并没有共识的答案，而是根据每家公司的情况不同，选择不同。投资者需要真实理解公司所选择的经营策略。与关注公司利润产生同样重要的是，公司如何使用赚来的钱，这里涉及公司在资本配置上的安排，我们在下一章中做进一步的分析。

其次，投资者希望了解到的是作为公司的实际运营管理者，他们获得薪酬的情况，这里不仅仅是薪酬的多少，而是薪酬获得方式，以及管理层、董事对于公司经营所制定的目标是否合理、是否符合中小股东的长期利益。这一部分内容在公司的每年的代理委托书（Proxy Statement）中都有详细的介绍。

与国内资本市场发展时间较短不同，美国资本市场已经有上百年的历史，而不少公司早已经历了好多代管理层的更换，为了让职业经理人更好地关注股东利益，很多大型企业都会将股东总收益（Total Shareholder Return，简称 TSR）作为其公司治理领域最为重要的考核因素。当然，这里的股东总收益通常都会有比较长的周期，不少好的公司都会将股东总收益的比较基准设置到 3 年或 5 年。例如，苹果在 2012 年时，将 3 年的股东总收益与标普 500 指数成分股的股东总收益的比较作为参考依据。而库克的主要薪酬则来自于 2011 年授予的 100 万股，限制性股票（相当于 2021 年的 2800 万股），这些限制性股票的发放，都有着相对明确的考核目标，我们在第六章的案例分析中做进一步的分析。

对于公司业务以及公司治理有了明确的了解之后，投资者将会对于公司的长期价值有独立的判断，再去比较市场的价格以及对应的长期收益是否可以让投资者满意。事实上，这种做法与伯克希尔-哈撒韦做并购时的思考有着同样的原则。

巴菲特在并购时要求管理层要保持稳定，同时并不要求公司在经营上与并购之前有任何的改变。从这点上看，巴菲特收购公司与股票投资，除了买的股票的比例不一样外，并没有本质区别。

而对于普通投资者来讲，买股票就是买公司所有权的一部分，我们不需要经常去看股价走势，把公司的生意逻辑搞明白，把管理层和公司治理的问题搞清楚。

第二节　什么是风险：价值投资的基本常识

什么是投资的风险？在传统学院派看来，不论是在中国还是美国的学校里面，金融或经济专业的学生总会将市场的波动当作是投资活动中所遇到的风险。这种做法看起来简单直接，并且很容易建立相对量化的评估方式，所以在市场上有着极其广泛的应用。监管机构对于基金产品设立对应的风控止损，就建立在波动性的基础之上。

但实际上，如果我们想真正地成为一个价值投资者，除了需要克服波动性带来的情绪的影响外，更加重要的是对于投资风险有自己独到的认识。我们先来看看学院派教科书上关于风险的说明吧。

一、波动性和价值投资的风险

传统金融学教科书中，将股票价格的历史短期变化，根据日、周、月、季度等不同周期的价格变化的历史数据进行整理，并根据方差、协方差等统计学的公式，对历史的精准数据进行计算。

这里面，有很多非常精准的数学计算，但其假设前提有一个非常明显的问题。这个假设是，未来是会不断进行重复的。

事实上，未来都是不可预测的，至少是不会简单地进行重复的。如果从每一家公司发展以及历史的交易数据所代表的真实含义来看，我们会发现这对于预测未来的业务没有任何本质的帮助。在这个领域有非常多的从事量化投资的人，本质上都是在根据过往的交易数据信息，来进行未来短期的价格预测。这种投资方式，可以通过各种历史数据，来编织出多样的数学模型与漂亮的曲线。这样的方式似乎变得越来越主流，大量的量化投资基金，已经成为市场玩家的重要组成部分。

我们在这里需要特别说明的是，这并不意味着只有价值投资的方式是正确的。事实上，所谓价值投资本身并不是一个特定的方法，而是一种思考问题的原则。量化投资其实也是一个道理，可以做得长久的量化投资公司，靠的一定不会是单一不变的模型，而是因地制宜，不断地变化。

只是这样的量化投资方式，在底层的投资逻辑的思考上，很难让我信服，而这种学院派所计算的风险，也并非真正的价值投资者所关注的风险。我们在这里讲波动性，或者教科书上对于风险的解释，是为了告诉大家，在阅读过程中，需要对于文章中所提到的投资风险有所认识与区别，对应的风险是指价格变化的波动性，还是价值投资者所说的投资风险。虽然都叫作"风险"，但明显有着完全不同的含义。

二、价值投资所讨论的风险

我们首先要强调的是，对于价值投资者来讲，并不是说，通过价值投资的方式进行投资就完全没有风险，而是说投资者需要通过对于真实商业风险的洞察与定性，同时评估潜在收益是否足够有吸引力，来承担与之对应的风险。

价值投资所说的风险与学院派将波动性看作风险有着显著的不同，波动性的风险都是客观的历史交易数据，是绝对的客观性数据，而价值投资所讨论的风险，更多的是影响未来的主观因素。任何一家公司在面向未来的发展时，都具有多种的不确定性因素。我在这里将价值投资者所面临的风险分为三种，商业风险、宏观因素的风险，以及在投资过程中的期限错配带来的风险。

1. 商业风险

对于商业风险，一方面主要讲的是对应公司在经营层面遇到的风险，几乎任何公司在经营的过程中都会遇到销售情况的变化、产品研发与生产的变化、直接的竞争对手、潜在的行业颠覆者的存在、人才结构的变化等。另一方面，由于中小股东在企业经营与资本配置方式上几乎没有任何的话语权，所以公司管理层回馈中小股东的方式是否科学合理，也是普通投资者所要面临的商业风险。

对于普通投资者来说，商业风险是必须要承担的，投资者买入股票的同时，就开始承担对应的风险了，而且没有任何办法去规避这样的风险，中小投资者不能直接去到公司指点其具体的经营，也不能对于公司资本配置施加干预，中小投资者只是风险的被动承担者。

从这个角度讲，投资者需要对企业的经营及运营企业的管理层有足够的信心。这样的信心不能盲目来自于所看到的新闻，更多的要来自于对于企业的年报、季报、代理委托书等发布给公众投资者信息的深度分析，以及常识性的结论。

2. 宏观因素的风险

对于价值投资者来说，绝大多数的风险因素是可以忽略掉的。巴菲特就不止一次表示，听经济学家的话，是赚不到钱的。他们也并不在意短期市场上有多少资金买入，多少资金卖出。然而，巴菲特却认为利率水平的变化是一个非常重要的因素，他将利率水平比做是资本市场的地心引力（Financial Gravity）。如果市场利率水平过高，那么其他资产的价值将会变低，如果利率水平变低，那么同样的资产，其价值就会变高。这背后的道理，也是常识。如果存到银行可以拿到15%的利息，谁会愿意买5%的收益率（对应20倍的市盈率），即便有15%的成长性的企业呢。

利率水平的变化，往往都是比较慢的。在当下的很多人，其实很少感受到不同利率水平下资本市场对于资产定价的差别。特别是在最近的10年里，全世界都活在超低的利率环境之中，资产价格持续保持高位，尽管不少优秀的企业的业务也非常不错，但估值同样也是非常高。那么如果把"好公司"放在不同利率环境之下，差别会有多大呢？

历史是没有办法假设的，但是我们可以对一些典型公司的历史估值水平进行一些对比，给我们更加直观与感性的认知。低利率环境，且处在降息周期之中的案例，我们用 2018 年初到 2021 年底这个阶段的苹果，处在高利率环境和加息周期之中的案例我们用 1977 年初到 1980 年底的沃尔玛。对应的利率水平，我们选择美联储公布的美国联邦的基准利率（Fed Fund Rate），也就是美国银行间市场的拆借利率，读者可以简单理解为存到银行里的短期存款利率水平。

2020 年前后的苹果，我们都非常熟悉，绝对是现在美股市场中最为伟大的企业之一。同样，20 世纪 80 年代的沃尔玛绝对是当年美国市场最炙手可热的公司，创造性地改变了零售行业。但是两家公司在成长阶段所面临的利率环境则是截然不同的，对应同期的估值水平以及股东收益也相去甚远。

我们先来看看 2018—2021 年利率水平的变化，美联储从 2015 年开始加息，到 2018 年底停止加息，而后开始了新一轮的降息周期。美国联邦基准利率从约 2.4% 下降到 0.05%（见图 5-1）。

在降息周期中，苹果在从 2018—2021 年的四个财年中，公司收入增长了近 40%，利润增长了近 60%。按照当年的盈利水平和市值计算，公司市盈率的估值从最低的 11 倍到最高 40 倍。到 2021 年底，估值基本维持在 20 倍以上。在这四年的降息周期中，苹果公司创下了平均超过 450% 的股东收益率（见表 5-1）。

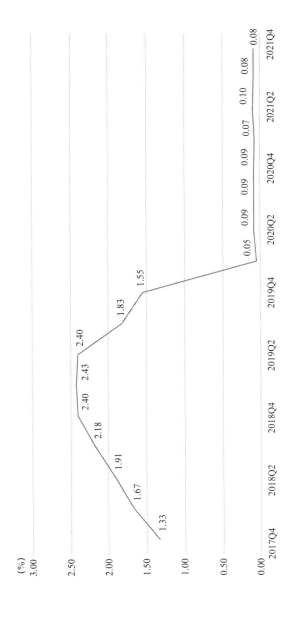

图 5-1 美国联邦基准利率（2017 年 12 月至 2021 年 12 月）

表 5-1　2018—2021 年苹果的相关业务与市场数据

苹果公司	2018 年	2019 年	2020 年	2021 年	2018—2021 年累计
收入（百万美元）	265595	213883	220747	365817	收入增长
收入增长率	15.9%	−19.5%	3.2%	65.7%	37.7%
净利润（百万美元）	59531	55256	57411	94680	利润增长
净利润增长率	23.1%	−7.2%	3.9%	64.9%	59.0%
市值最高（百万美元）	1083700	1031200	2281300	2988100	2018 年 1 月至 2021 年 12 月 平均股东回报率
市值最低（百万美元）	728300	631800	903600	1903100	
平均市值（百万美元）	906000	831500	1592450	2445600	451.9%

苹果公司	2018 年	2019 年	2020 年	2021 年	2018—2021 年平均
估值高（市盈率）（倍）	18.2	18.7	39.7	31.6	27.0
估值低（市盈率）（倍）	12.2	11.4	15.7	20.1	14.9
平均估值（市盈率）（倍）	15.2	15.0	27.7	25.8	21.0
股价高（美元）	33	33	134	182	—
股价低（美元）	22	20	53	116.00	—

数据来源：苹果公司年报。

　　同样作为时代象征的沃尔玛，在 20 世纪 70 年代末、80 年代初的加息周期下，市场给予的估值水平就完全不能同日而语了。由于通胀水平的急剧提升，从 1977 年初到 1980 年底，美联储将美国联邦基准利率从 4% 提升到令人震惊的 22%，银行存款利率超过 20%（见图 5-2）。放到现在，这绝对是让人难以置信的事情，然而这却是在 40 多年前真实发生的事情。

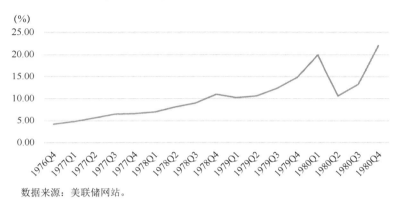

数据来源：美联储网站。

图 5-2　1976—1980 年美国联邦基准利率水平

在 20 世纪 80 年代的资本市场，沃尔玛无疑是明星中的明星，1977—1980 年的四年里，沃尔玛在山姆·沃尔顿的带领下，用折扣店风靡全美，公司有着超级稳定的高速增长态势（见表 5-2）：四年均保持 40% 左右的收入增长，四年收入总计增长了 160%，利润增长更加夸张，达到近 350%。其四个财年的业绩远超于苹果在 2018—2021 年的业绩。

表 5-2　1977—1980 年沃尔玛的相关业务与市场数据

沃尔玛公司	1977 年	1978 年	1979 年	1980 年	1977—1980 年累计
收入（百万美元）	478.8	678.5	900.3	1248.2	收入增长
收入增长率	40.7%	41.7%	32.7%	38.6%	160.7%
净利润（百万美元）	16.6	21.2	29.5	74.3	利润增长
净利润增长率	43.8%	27.7%	39.2%	151.9%	347.6%

（续）

沃尔玛公司	1977 年	1978 年	1979 年	1980 年	1977—1980 年累计
市值最高（百万美元）	237	305	443	556	1977 年 1 月至 1980 年 12 月
市值最低（百万美元）	157	173	256	342	平均股东回报率
平均市值（百万美元）	197	239	350	449	105.6%
沃尔玛公司	1977 年	1978 年	1979 年	1980 年	1977—1980 年平均
估值高（市盈率）（倍）	14.3	14.4	15.0	7.5	12.8
估值低（市盈率）（倍）	9.5	8.2	8.7	4.6	7.8
平均估值（市盈率）（倍）	11.9	11.3	11.9	6.1	10.3
股价高（美元）	17.375	20.5	29.375	36.75	—
股价低（美元）	11.5	11.625	17	22.625	—

数据来源：沃尔玛公司年报。

　　然而，由于处于极度夸张的加息周期，沃尔玛公司的估值到 1980 年仅仅只有个位数。最低时，竟然只有不到 5 倍的估值。而在四五年的时间里，平均的股东收益也仅仅只有 1 倍。要知道，这可是那个时代里最为出色的企业了。

　　另外一个宏观因素的风险，同样是普通投资者无法把控的，就是企业所得税率的变化。当企业所得税率降低的时候，同样的经营水平下，股东收益会更高，而如果增加企业所得税率，股东收益会降低。

　　关于企业所得税的一个有意思的发现是，美国企业所得税的税率从 20 世纪 60 年代约为 50% 的水平，下降到现在约 20%（见图 5-3）。然而，国家的企业所得税收入，从 20 世纪 60 年代初的 200 多亿美元的水平，上升到 2000 多亿美元的水平，国家财政税收的总额更是从 20 世纪 60 年代初的不到 1000 亿美元，上涨 30 多倍，到现在达到近 4 万亿美元。如何理解这样的变化呢？我们在后续的章节中会帮助大家来理解这个问题。

图 5-3　1934—2018 年美国企业所得税率的变化情况

　　其他的类似于经济增长、货币发行等宏观经济数据，对于真正的价值投资者来讲，并没有那么重要。普通投资者需要关注的不仅仅是当下利率水平与资产价值的关系，更多还是要判断未来三五年整体利率水平。毕竟如果现在存在银行的钱可以有 20%以上的无风险收益，谁又会想着买 30 倍估值的成长股呢？相对于商业风险与利率、税率的风险，期限错配的风险是普通投资者可以有所防范的地方，接下来让我们来看看期限错配的风险。

3．期限错配的风险

　　普通人投资的目的一定是赚钱来满足自己的某些消费需求，所以自己预估的消费需求的时间，一定要与期待的投资收益的时间综合起来考虑。比如我们不能把下个月，或者明年要用的钱就直接放入了股票市场。

　　此外，投资者如果需要的是稳定的现金流，完全可以像做年金投资一样，在有长期分红历史与文化的公司中，对于这些公司未来进行分析，评估自己的需求与潜在收益之间的关系。同时，关注公司未来的付息能力，而忽略未来股票价格的变化，关于这一点，我们在后续的案例中会给予更详细的分析。

普通投资者需要意识到，从短期角度看，即便作为全球最为成熟的资本市场，美国股票市场短期的任何行为，其实都是有可能发生的。然而从两三年的角度看，公司的实际价值往往会得到一个比较正常的反应。

所以投资者在投资期限上，一定要有所保守。如果追求的是长期的资本增值，需要考虑将至少三年不用的资金用于投资股票市场。如果是考虑现金流需求的，更多的是需要评估自身现金流需求，与被投资公司创造现金流、给股东分配现金流之间的关系。

普通投资者如果希望以价值投资作为原则，对于风险的洞察，要围绕公司本身的商业风险，以及对于未来利率、企业所得税率等宏观因素的判断来进行公司长期价值与潜在收益的评估。同时，要根据自身真实合理财务需求的期限，来进行合理的投资。

第三节　中长期预测与卖方分析师的局限性

对于个股投资来讲，一个我们必须要做的工作，就是要对长期业绩有合理的预测，虽然说总是难以做到精准预测未来，但是通过定量的分析方式，来做定性的判断依然是非常重要的事情。

这种定量的分析与卖方分析师所提供的业务预测看起来有很多类似之处，但有着本质的区别。

对于现有的股票市场来说，卖方分析师做相关的预测时往往聚焦于公司当年或一两年的特定的财务或业务数据，当公司的发展超出预期时，卖方分析师就会呼吁市场大幅增持；而低于预期时，股价短期往往就会大幅回撤。这种依托短期预测来做投资的方式，往往会让投资者不知所措。股价波动极其频繁，更为重要的是，这样的方式会让投资者忽略公司真正的长期价值。这样的例子数不胜数。我们在这里以2015—2016年初的苹果公司来举例。

在2014财年，苹果公司凭借在中国的业务快速发展，业绩不断超预期发展，在2015年4月创下了历史新高。然而，由于全球用户更换终端速度变缓，以及在中国市场面临更多本土的竞争，尽管公司的业务以及产品更新等情况依然保持正常，苹果开始出现了短期业绩不达预期的情况。根据回溯的部分的历史的新闻来看，2015年8月媒体就报道出苹果股价下滑的新闻，指出销售不达华尔街预期，以及在中国面临更加具有挑战的市场等。所以从资本市场来看，苹果的股价在2015年4月底触及新高之后一个月的时间回调超过了10%，一年的时间内竟然出现了回调超过30%的情况，大幅跑输大盘（见图5-4和图5-5）。

著名的激进投资者Icahn甚至在苹果创下新高之后的4月底，出售了其2013年以来持有的全部的苹果的股票，给出的理由是苹果在中国正在失去市场。

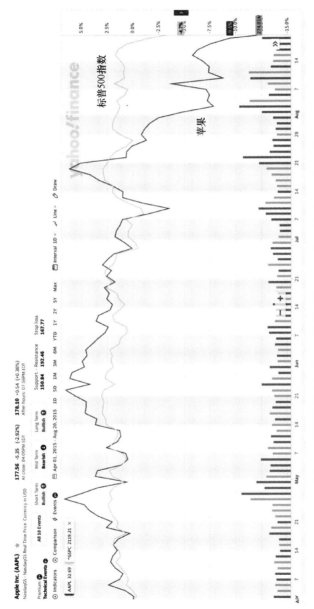

图 5-4　苹果股价与标普 500 指数对比（2015 年 4 月至 2015 年 8 月）

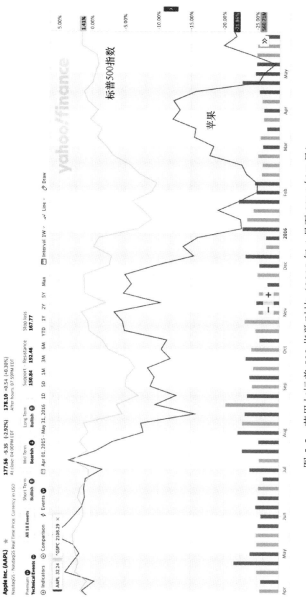

图 5-5 苹果与标普 500 指数对比（2015 年 4 月至 2016 年 5 月）

我们都知道，在 Icahn 退出苹果投资不久，巴菲特从 2016 年开始的两三年里陆续投资了超过 350 亿美元的苹果的股票。这其中，伯克希尔-哈撒韦所持有的股票从市场价格上看，也曾经被套约两年左右的时间。但如果将时间轴拉长，从 2015 年 4 月创下历史新高到 2021 年底不到 7 年的时间里，苹果又再次为股东创造了近 5 倍的投资收益（见图 5-6）。可惜的是，尽管 Icahn 比伯克希尔-哈撒韦更早发现了苹果的投资价值，但赚到更多投资利润的是巴菲特。

从短期看，新闻和卖方分析师的各种观点，也许都可以与短期的市场波动进行完美的结合。但很明显，作为长期价值投资者，我们所要做的中长期预测，并不是要用与公司短期业务数据相比较来决定是否投资股票的。

按照经典的价值投资观点，决定公司股东内在价值的，是公司未来为股东创造的现金流之和的折现。很显然，对于未来，没有人能够进行精准的预测，对于折现率来讲，每个人内心里期待的收益率也是不同的。所以，从更现实的角度来看，公司当下的价值大致取决于公司当下的业务体量，以及可预计未来大致的增长速度。

另外，投资者对于公司未来业务的确信程度也决定了公司的价值。对于价值投资者来讲，如果说我们的投资期限预计是 3～5 年，我们对于被投资企业的中长期预测除了定量的 3～5 年财务数据外，还需要对公司 5 年之后的成长性有独立的判断，同时对公司未来三五年的发展有着较为清晰的认识。通过 5 年后公司的价值与现在公司价值的差异，我们基本上就可以评估出来潜在的投资收益。

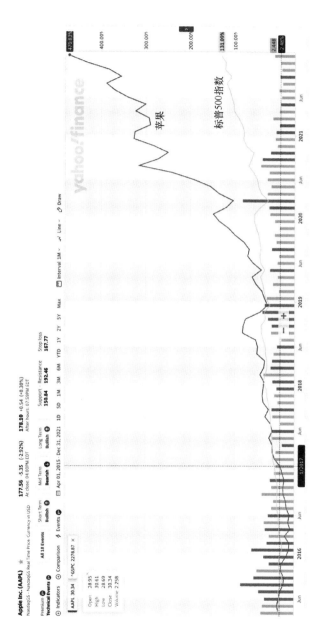

图 5-6 苹果与标普 500 指数对比（2015 年 4 月至 2021 年 12 月）

　　中长期的预测，不仅仅是帮助我们厘清公司的价值，更重要的是能够帮助我们在长期持股的过程中，对市场的波动以及长期收益的动态变化时刻有着清晰的认识。这种做法非常有助于帮我们形成一套减少交易频次的投资方式，但又不至于当市场疯狂时，忽略短期可能产生的投资机会。我们用一个简单例子来说明这个问题。

　　一家稳定的消费品公司当下的市值为 1000 亿美元，公司拥有流通股 10 亿股，公司的净利润为 80 亿美元，公司预计未来的净利润水平可以持续保持 5%左右的增长，同时公司当年分红为 70 亿美元，预计股息增长速度与净利润增长速度相当，保持在 5%的增速。

　　（1）公司当下的股票价格为 1000÷10=100（美元/股）。

　　（2）当年每股收益（EPS）为 80÷10=8（美元/股），市盈率水平为 100÷8 =12.5（倍）。

　　（3）每股股息为 70÷10=7（美元/股），股息收益率为 7÷100×100%=7%。

　　我们通过做长期预测大致可以得到以下这个模型，如果投资者按照现在的估值（市盈率为 12.5 倍、股息收益率为 7%）买入，同时约 5 年后可以按照同样的估值水平卖出。投资者的投资预测模型如表 5-3 所示。

表 5-3　投资者的投资预测 1

单位：美元

投资者投资预测	0 年	1 年	2 年	3 年	4 年	5 年
股价数据	当下股价					预测股价
	100.00					127.63
股息/每股盈利增速		5%	5%	5%	5%	5%
每股收益	8.00	8.40	8.82	9.26	9.72	10.21
每股股息	7.00	7.35	7.72	8.10	8.51	8.93
市盈率（倍）	12.5					12.5
股息收益率	7%					7%

由此可见，如果投资者能够坚持持有 5 年，同时在 5 年后可以以同样合理的估值水平卖出，投资者所获的现金流模型以及收益如表 5-4 所示，对于这样一家业绩稳定，甚至有些"无聊"的公司，在理想的理论情况下，大致可以获得的年化收益率会超过 12%。

表 5-4　投资者的投资预测 2

投资者 回报分析	0 年	1 年	2 年	3 年	4 年	5 年	预计年化 复合收益率
现金流	−100.00	7.35	7.72	8.10	8.51	136.56	12.35%
备注	买入 股票	收到 股息	收到 股息	收到 股息	收到 股息	收到股息+ 卖出股票	

我们会发现，现实情况相对于理论环境来讲，对于收益有影响无外乎有两个方面，估值水平的变化以及公司真实业务的变化。估值水平的变化在一定程度反映了市场的短期情绪水平，而公司业务的变化，同样也是很难进行精准预测的。因为我们

所生活的真实商业世界中，企业也会面临各种各样的突发事件，有的时候会刺激公司的短期业绩，有的时候也会给公司带来短暂的困难，甚至给公司业务带来负面的影响。叠加上投资者情绪的变化，让短期的股价非常难以预测，对于绝大多数的公司，哪怕是老牌的蓝筹公司，每年股票价格波动在 30%～50%都是极其正常的现象。

如果基于我们对公司的业务足够了解，出现纯粹是由于市场的情绪的变化，股价向上或向下波动 30%的情况，价值投资者对投资收益的思考体系会产生什么样的变化呢？如果股价短期上涨 30%，那么意味着由于股价的上涨，估值水平从 12.5 倍提升到 16 倍左右，股息收益率会减少到 5%，如果 5 年后估值水平还是 12.5 的话，那么 5 年期的预计年化复合收益率会从 12.35%下降到不到 6%（见表 5-5）。

表 5-5　投资者的投资预测 3

短期向上波动 30%			
短期波动后股价（美元）	130.00	第五年预测价格	127.63
估值水平	—	—	—
市盈率（倍）	16.25	市盈率	12.5
股息率	5%	股息率	7%
5 年期年复合收益率预计（波动前）	12%		
5 年期年复合收益率预计（波动后）	5.89%		
短期回报	30%		

如果公司基本面完全没有变化，不到 6%的收益率不能满足投资者长期收益的预期，那么投资者可以果断地卖出该公司的股票。

但是，如果投资者依然信赖公司所提供稳定的股息收益，同时对于 6%的长期收益率感到满意，那就完全没有必要着急出售。

反之，如果公司的股价下跌了 30%，那么公司的估值水平则从 12.5 倍的市盈率下降到不到 9 倍的市盈率，如果公司长期的业务以及未来的估值水平保持不变，那么尽管由于受到市场波动的影响，公司潜在的 5 年长期收益水平则从 12%提升到了 22%（见表 5-6）。

表 5-6　投资者的投资预测 4

短期向下波动 30%			
短期波动后股价（美元）	70.00	第五年预测价格	127.63
估值水平	—		—
市盈率（倍）	8.75	市盈率（倍）	12.5
股息率	10%	股息率	7%
5 年期年复合收益率预计（波动前）		12%	
5 年期年复合收益率预计（波动后）		22%	
短期回报		−30%	

现实生活中，卖方分析师的激励几乎是没有围绕被投资企业 3 年以上的长期表现来进行关联的。从整体而言，分析师也总是在强调短期的财务数据与现实的差别，并大多以此作为对公司的买入或卖出的评级标准。这种追求精确的短期预测对我们的长期收益其实并无太大意义。

相反，尽管我们对三五年长期的业绩很难做到精准预测，但整体而言，这种"模糊的正确"评估，对于希望坚持长期投资的人来说却有着非常大的帮助，这里的长期的评估并不仅仅是最终的财务数据，还有得到这些未来财务数据的基本逻辑，以及对于普通投资的可信程度，甚至包括可能遇到的潜在风险的评估。

这些内容都是不可量化的，但可以在长期持有的过程中很好地帮助投资者更好地评估公司股票的投资价值，同时，还要根据自身的投资收益预期，而不仅仅因为股价短期涨跌而进行交易。

第六章

公司股票投资的价值分析

第一节　公司研究的核心，从个性化理解公司业务开始

每一家伟大的企业，都值得反复研究，但研究的目的不同，角度也会有所不同，如竞争对手之间的研究、商业案例的复盘研究、商业合作上的研究，当研究者的出发点有所不同时，其研究方式或多或少也会有所区别。

我们在这里所讲的公司研究的目的，就是为了长期中小投资者，如何通过风险评估与价值判断，在中长期的时间里，通过承担有限的商业风险，获得合理的投资收益。

既然是站在长期中小股东的立场思考问题，那么一方面，作为中小股东，我们在公司业务发展与公司治理上都难以施加自身的影响力，属于被动接受者；另一方面，作为长期股东，我们的收益当然不是来自于短期市场的博弈，而是来自于公司价值的增长，以及在持有期间公司给予我们的分红所得。我们对于公司分析的焦点将会聚焦在三个方面。

第一，公司的赚钱能力，公司业务本身。这一点，我们在本节会做重点探讨。

第二，资本配置，公司将赚来的钱如何花掉或如何回馈股东。

第三，公司治理及回馈股东文化。公司在经营上是否看重长期股东的价值。

　　本章第二节与第三节对第二点与第三点做更为细致的讲述。接下来，我们看看如何理解公司的业务。

　　我们上一章讨论了长期业绩预测的意义，以及卖方分析师的局限性，那么从业绩预测到对于公司未来的估值，我们应该如何来进行评估呢？我们要先认识到估值是建立在对于未来公司业务的预测以及投资者期待收益水平的基础之上的。

　　一个期待获得 10% 年化收益率的投资者和一个期待获得 30% 年化收益率的投资者不会给予同一个资产同样的估值水平。投资者不同的投资预期不在我们的讨论范围内，我们这章主要谈的是，估值的基础是对公司的业务有着长期深刻的理解，而财务数据只是帮助我们理解公司业务，而基于财务数据的估值水平、利润、市盈率、市净率等指标并不能作为我们判断公司投资价值的充分条件。

　　公司所处的行业不同，经营方式不同，所采用的估值的方式也会完全不同。例如，对于科技行业来讲，公司最为核心的能力并不是资产，而是人才的智力。特别是当公司处于产品或行业比较早期的阶段时，人才以及如何激励人才将自己智慧发挥出来的制度才是核心能力。

　　这里的早期阶段，并不只是指中小型的创业公司，很多大公司或上市公司在新产品、新行业的发展中，都有可能处于这样的阶段。例如苹果在乔布斯二次回归之时，账面资金仅仅够维持经营半年，但苹果能够起死回生，很重要的原因就是乔布斯砍掉了大量的无效产品投入，将优秀的人才聚焦到最有价值的产品线上。再如，AMD 公司的现任华人 CEO Lisa Su 用了七年左右的时间，带领 AMD 这个落后的、濒临破产的芯片公司，完成了对于曾经的巨无霸英特尔的惊天逆转。

对这一类公司的投资分析，最为重要的是我们要对公司的经营方式有深刻的洞察，同时对于行业的变化也需要有独立的思考，但想有不错的收益，好的运气有时候是必不可少的。从投资角度来看，对这一类公司的投资，绝对是高难度的，但潜在的收益也是显而易见的。

而对另一些行业的公司，公司现有资产对企业长期运营会起到更加有价值的作用，例如能源行业、消费品行业、金融行业，我们不能说这些行业中人的作用就不重要，但相对来讲，资产在这一类行业中对企业运营的作用相对于科技行业中会更加重要。就能源行业来说，油价的波动对企业经营以及股东收益会起到至关重要的作用。对好消费品公司来讲，品牌及长期形成的企业文化、管理方式、销售渠道等都更加有助于投资者对企业的价值做相关的预测。对这一类公司的投资就属于相对容易的题目。

公司的类型并不是一成不变的，例如苹果在 1997 年乔布斯二次回归时，公司管理上出现了大量的调整，产品线在之后的 10 多年里也经历了特别多的调整与迭代。2006 年里，苹果最被华尔街看重、增长最快的 iPod 及相关的音乐产品收入在当年占据苹果营业收入的近 50%，同时在 2006 财年保持了近 70% 的增长，而

2005 年的增长率甚至达到了 250%，而在 10 年后，iPod 占苹果的业务体量已经几乎可以忽略不计了。

库克时期的苹果，基本已经确立以苹果手机为主要核心产品、iOS 与 Mac OS 操作系统为生态基础的电子消费生态体系，其业务与产品的销售一定程度上符合摩尔定律，消费者每隔两年左右的时间，都将会更新自己现有的手机或是相关的产品。这也就意味着，从投资者的角度看，这个阶段的苹果相对于乔布斯时期的苹果，在业务上显然是更容易进行预测的。

没有对业务的理解以及未来的评估判断，我们就无从谈起对公司投资价值的评估。公司当下的业务数据是否对未来公司的业务具有指引性，这取决于公司现有业务是否具有连续性。在 1997 年乔布斯回归苹果之时，苹果的主要产品还是个人电脑，iPod 产品的设计可能都还没有开始，而 2001 年推出 iPod 之前的财务销售数据，显然对于 iPod 未来销售数据的指引作用是极其有限的。相反，库克时期整体的业务增长尽管也不是每年都很稳定，但总体来说，不管是产品结构的变化，还是收入结构和收入数据的变化都是相对更加容易预测的。

理解公司的业务，并对未来的公司的业务做出合理的判断是做价值投资最为重要的基础，但完全精准预测公司未来的收入与利润情况是很难的事情，甚至是天方夜谭。但基本的判断依然是非常重要的一件事情，这种判断不用做到八九不离十，保守一些，"六七不离十"基本也就可以了。

公司的业务模式，并不完全取决于公司所在的行业。接下来让我们通过一些具体的例子，来进一步体会如何去评估一家公司的商业模式。对于价值投资者来讲，除了做基本的业务预测之外，我们同样还需要关注公司在公司治理与资本配置上的安排，而针对这一点的研究，也往往是被很多投资者所忽略的。我们在接下来的两节里继续展开讨论一下。

第二节　公司治理

在美国，很多公司早已没有了实际控制人，并且在上百年的时间里实现了高效的经营与治理，例如宝洁公司是由 William Procter 和 James Gamble 在近 200 年前所创立的，但目前除了名字上可以体现出公司的创始人外，公司的管理层和董事会早已和两位创始人及其家人没有任何股权上面的关系了。但宝洁公司已经在资本市场连续 130 年支付股息，同时连续每年增加每股股息持续了近 70 年。

曾经不可一世的标准石油被拆分后，几乎每家被拆出来的企业都已经在股权上没有实际的控制人。埃克森美孚作为标准石油最大的继承者，在这个行业中保持连续 40 年的持续付息纪录，即便在新冠疫情肆虐的 2020 年和 2021 年也没有停止支付股息，同时还保持了平均每年 6%的每股股息增长纪录。一家身处能源这样周期性的行业里，没有实际控制人的公司，是如何做到的呢？公司治理起到了非常大的作用。如果说价值投资本身是一种艺术而非科学，那么公司治理更加是一门艺术。

公司治理究竟是什么呢？公司治理是一套运作公司的系统与流程，而这套流程的目的是平衡与公司相关利益方，例如股东、管理层、中层管理者、客户、供应商、投资者（债权/股权）、政府以及相关的社区。在这里我们不做进一步的展开，从普通投资者的角度出发，在公司治理上，我们应该关注哪些问题呢？如何评估公司治理的好坏呢？

公司治理的公开信息主要是通过公司的代理委托书披露出来的。在代理委托书里，通常对于公司董事及执行管理人员的背景、相关持股和薪酬情况都有着极其详细的描述，同时对于公司发展目标，管理层的考核目标、方式、结果都有着详尽的说明。

与看公司的财务报表不同，公司治理的信息并没有那么直观，好或者不好，更多是建立在治理的方式是否适合当下的企业发展情况上。并不存在一种万能的治理模式，适用于所有的企业。同时，有时候企业处于不同的发展阶段，治理方式也会随着时间以及企业业务的变化而发生变化。

第三节　资本配置

在资本配置的分析上，投资者需要关注公司资本的来源，以及公司将资本安排在何处，同时，还要思考如此进行资本配置是否合理。在公司资本来源上，主要的来源方式大体有三种：通过经营业务形成的营业收入与利润、权益的融资，以及债务融资。

我们本节不对公司业务来源做更多探讨。事实上，对于大多数大型的美国公众公司来说，通过资本市场发行股票进行持续的融资来进行业务发展的作用其实已经不大了。过去 10 多年间，很多美国大型公司通过股票回购的方式已经让自身的股本比例大幅缩小，即便是在纳斯达克新上市的公司，短期处于亏损状态，但大多数情况下也是商业模式基本稳定的，而且在可预见的三五年里可以逐步形成稳定的盈利模式。

企业通过债券或银行贷款来融资的方式，确实是经常出现的，有时需要满足自身业务发展的需要，有时因为支付股息或是进行股票回购而进行债务融资。从股东的角度来看，公司在资本配置上大体也有三种方式。

第一种：用于业务上的继续投资。

第二种：用于付息。

第三种：用于股票回购。

我们该如何思考公司资本配置的问题呢？我个人的观点是，投资者需要站在长期中小股东的立场上思考公司长期资本配置的习惯是否合理、是否符合常识，同时判断对股东收益会产生什么样的影响。

一、对于业务的继续投资

巴菲特在谈到利润留存收益时重点强调，资本配置中最为重要的是找到合适的项目投资，为长期股东创造合理的长期收益。对于业务的投资，最为重要的还是分析公司是否可以在业务上长期有所表现。

业务上的投资是否可以在未来产生合理的利润收益，这点的判断因为投资者的不同、投资者对业务的判断力不同、对于风险的容忍度不同也会有大差异。最值得关注的公司是其现有业务可以延伸出具有竞争力的新业务，且新业务潜力巨大的公司。这一类型的公司的利润表往往会表现平平。

首先，公司对新业务的投入会让现有的利润降低，同时由于传统业务对新业务具有较强的支持作用，公司形成的核心能力使得新业务不大容易被新的竞争者进入。这就是所谓的飞轮效应（Flywheel Effect）。

最为典型的案例就是亚马逊，该公司从早期的网上书店，再逐步扩充电商品类，然后再完善底层互联网生态的基础设施云业务，并逐步扩张零售领域的物流等多个环节。但细心的投资者会发现，亚马逊做的所有的新业务并不是都能最终取得成功，但与其主业关联度高的业务往往成功的概率会高很多。

其次，对于特定行业来讲，并非一直对业务进行持续投资就一定是好的事情，比如在能源、金融等周期性行业中，管理者如何克服人性的贪婪，进行合理的投资，同时将资产负债表中的数据控制在安全可控的范围内至关重要。

2000 年初，花旗银行将业务的重心放在了住房抵押贷款及其相关衍生品上，在迎来了若干年的高速发展之后，最终股东价值归零。同样的事情在能源行业也屡见不鲜，高油价期间，大小能源公司纷纷加大资本开支，甚至不惜加大财务杠杆。如果油价一旦出现大幅回调，业务收入会急剧缩水，而最终的结果也往往是中小股东为管理层的贪婪买单（见图 6-1）。

公司业务是否具有持续投资的价值，非常的重要。当然，业务上的投资不可避免将会遇到风险，公司在老业务或新业务上的投资存在潜在机会的同时，一定会面临各种各样的风险。

这些风险有时会反映在财务报表的数据上，有时候会被财务报表的数据所吸收，但只要管理层可以坦白地向股东承认相关的问题，就是好的。从更长远的角度看，公司管理层合理地安排资本，毫无疑问，对提升长期股东收益有着至关重要的作用。

二、客观理解支付股息的问题

在美国资本市场上，不少长期的白马公司有着长期支付股息的历史，其中最为典型的是，不少明星消费品公司对股东都有着长期不断增长每股股息的历史。截至 2019 年底，在标普 500 指数成分股中，能够连续 20 年付息的公司接近一半。同时，将每股股息作为回馈股东现金流的指标来看，每股股息的周期性增长速度能够大幅跑赢 CPI 的公司超过 130 家。

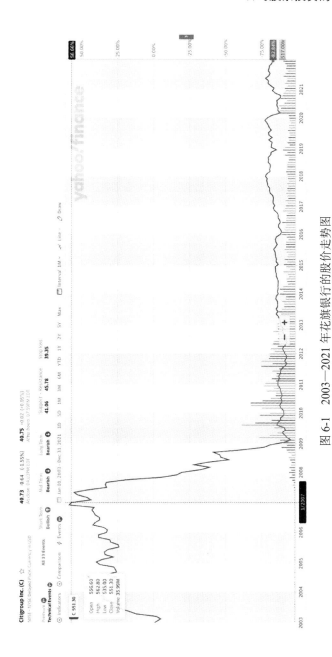

图 6-1　2003—2021 年花旗银行的股价走势图

而在我国资本市场上，大家总是抱怨很多公司赚钱，但不支付股息，同时公司的股价走势也很难带来长期的收益。能够愿意持续地向公众股东源源不断地支付股息，一方面说明了公司有能力，业务不错；另一方面说明公司有着回馈长期股东的文化。但是在支付股息这件事情上，真的是有一定会比没有好吗？这并没有定论。

我们会发现在付息的问题上，在美国市场上的好公司，也有着非常鲜明的两派。一派是在公司稳定经营的基础上提供稳定的每股付息金额，并且尽可能周期性增长，这一类公司以传统的消费品公司以及老牌公司最为典型，如宝洁这样的公司可以连续 60 多年不断增加每股股息，而超过 20 年以上可以稳定增加派息的公司数量也是相当得多。

近些年，像微软和苹果这样的科技公司也开始向传统行业中的公司看齐，自开始付息以来，不断增长每股的分红。由于美国资本市场中，大量的股票都是由个人通过养老金基金来进行长期持有的。那么这些稳定的现金流收入，是美国很多民众退休之后重要且稳定的收入来源。

另一派则像伯克希尔-哈撒韦公司，尽管公司长期不支付股息，但公司通过合理的资本配置，一样为股东创造了巨大的价值与收益，而且从长期来看，这种价值与收益在资本市场得到了非常好的体现。这一类"永不派息"的优秀"铁公鸡"以科技公司居多，亚马逊、谷歌、奈飞等公司都是这一类公司的典型代表。

　　事实上，公司付息的多少，并不能看作衡量长期股东收益的唯一标准。有些公司为了维持已有的付息纪录，而放弃或减少对于公司长期业务增长的投资，这种情况也并不少见。例如在新冠疫情期间，能源行业整体亏损严重的情况下，埃克森美孚通过借款发债的方式，依然维持了支付每股股息。

　　股息支付，很大程度上是企业文化的问题，投资者不能仅仅根据当前股票价格和当下的股息率来评估公司是贵还是便宜，更多的是需要将公司持续的付息能力与未来股息增长的速度和空间结合起来思考。

三、股票回购：另外一种复利的思考

　　股票回购是美股市场上特别有意思的一个现象，特别是近些年，越来越多优秀的公司选择通过股票回购的方式来给予股东收益。尽管我国也有很多公司在股价低的时候，偶尔进行股票回购。也有一些是公司的短期行为，公司为了短期的股价而进行股票回购。对于普通投资者来说，我们理解股票回购的问题要始终站在公司长期生意以及合理资本配置的角度。

　　股票回购相对于股息支付，有着更加明显突出的节税作用。每一位股东收到股息时，都需要根据自身情况缴纳对应的资本利得税。但如果是股票回购，只有出售股票的股东，在有盈利的情况下才缴纳对应的资本利得税，未出售股票的股东并不需要缴纳对应的资本利得税。

如果考虑到资本市场可以长期反映出公司的合理价值，从长期来看，股票回购比股息支付更加有利于长期股东。而如果长期股东可以合理规划自身的财务情况，就可以根据自身的财务需求在相对宽松的周期中进行股票的交易。

巴菲特对股票回购的解释更加简单清晰：三个股东一起做生意，赚了钱之后，有一个股东着急用钱要退出，另外两个股东不着急用钱，愿意继续投资生意，于是公司用其账面赚来的钱买回着急用钱股东手里的股票，没有出售股票的股东获得了未来公司更大的股份比例。当公司流通股不断减少时，对于剩下来的长期股东，所持有公司的比例也将会不断地上涨，这同样是一种复利的积累。

好的公司会合理考虑资本的配置，不会无限制地将多余的资本扣留在公司的资产负债表上。如果公司现有的业务无法合理使用资本，最好的方式还是将多余的资本给予股东，无论是通过股票回购，还是通过支付股息。管理层在安排资本配置的时候，心中一定要有股东；如果投资者选择作为公司的长期股东，也需要相信管理层所做的决策一定是对长期股东有利的。

我们要将公司业务情况与资本配置相结合，对于公司未来进行预测，同时对于潜在收益进行评估，定性的深度思考，加上定量的简单计算，是投资者做个股研究必不可少的步骤。下一章开始，我们将复盘一些美国市场上典型公司的发展，希望对投资者未来的思考能够有所启发。

第七章

价值投资实战攻略

尽管本书重点讲述的价值投资的阵地是美国资本市场，并且大量的案例也是引用美国资本市场的好公司。但从价值投资的角度来看，好公司并不会按照市场来进行分类。中国、欧洲、中东、日本等全球任何地方都可能会出现好的公司，还有不错的价格。巴菲特掌舵的伯克希尔–哈撒韦在美国公开市场投资的股票往往被大家更多地关注，但大家往往忽略了他在欧洲、亚洲都有着不少并购投资的历史。但全世界好的公司，不论是私有的非公众公司，还是在全球各地上市的公众公司，它们有着很多相似的地方，如公司所在的领域都有着很强的生命力与市场需求。

同时，公司的管理层都有着很强的回馈长期股东的意识。所谓回馈长期股东，并不仅仅意味着公司的股价越高越好，也并不意味着公司要持续地分红。事实上，每一家好的公司，都用着自己独特的方式来持续创造股东收益。我们接下来，来看看全球资本市场上的好公司，都是如何通过长期的经营与资本配置来实现长期股东收益的。

第一节 奥驰亚：传统美式现金奶牛

我们讲述的第一家公司，是一家以传统烟草业务为主的消费品公司。尽管这家公司目前并不具备爆发性成长的商业故事，但公司在慢车道上，如何通过业务整合与合理的资本配置，来为股东创造持续稳定增长的收益水平，这些做法在一定程度上值得国内的传统行业的公众公司借鉴。

　　奥驰亚集团（Altria Group, Inc.），也许很多人都没有听说过这家公司的名字，但对这家公司的核心产品——万宝路香烟（Marlboro），相信大部分人都不会陌生。奥驰亚最早由菲利普·莫里斯（Philip Morris）在 1847 年创立。公司有着连续 60 年不断增加每股股息的历史，可谓是美国资本市场上，最为长久的现金奶牛之一。

一、持续增长的资产购买力

　　如果不计入 2008 年拆分的菲利普·莫里斯国际（Philip Morris Companies Inc., 简称 PM）的股息，1991—2021 年，奥驰亚的每股分红从 1991 年的 0.64 美元，增长到 2021 年的 3.52 美元。但如果计入 2008 年之后拆分的菲利普·莫里斯国际支付的股息，该公司的每股分红到 2021 年则是 8.37 美元（见图 7-1）。

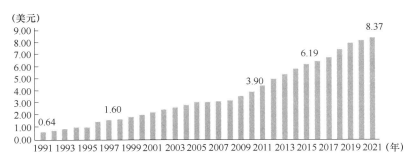

图 7-1　1991—2021 年奥驰亚每年的每股股息

　　从产生购买力的角度出发，如果一个资产能够在 30 年的时间里源源不断地增长，那么抵御通货膨胀是毫无问题的事情。把时间拉回到 1991 年，奥驰亚当年的股价经过复权后，最高价大约是 30 美元/股，而最低价大约是 18 美元/股。如果持股到 2021 年底，每股的市值将达到约 150 美元/股（其中奥驰亚为 50 元/股，独立拆分的菲利普·莫里斯国际为 100 美元/股）。

大家可以清晰地看到，即便公司的业务很稳定，资产的价格依然可以在一两年的时间里有 30%～50%的波动，但只要公司的业务可以在长期被清晰预测与理解，其长期的价值会随着时间的推移而逐渐地清晰显示出来（见图 7-2）。

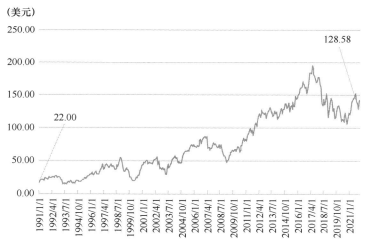

图 7-2　1991—2021 年奥驰亚股价的变化情况（含菲利普·莫里斯国际）

二、公司业务与发展历程

尽管该公司当下的业务依然是以万宝路烟草产品为主，但除此之外，公司近些年也在不断加大对非可燃类烟草业务的投入。口含

烟的产品收入占比已经超过了 10%。同时，该公司还是美国最大的
电子烟公司 JUUL、医用大麻公司 Cronos，以及百威啤酒最大的股东。

尽管传统烟草业务在收入上增长已经放缓，甚至从销量上已
经不可避免地在逐年下降，但公司通过涨价的方式，不仅对解决
了销量下降的问题，还让利润率逐步增加。口含烟尽管在业务收
入上近些年有所增加，但占比依然相对较低，收入占比约 10%，
运营利润占比约 14%。尽管万宝路烟草是个全球知名的烟草品牌，
但这里所提及的每年超过 200 亿美元收入仅仅是在美国本土的烟
草销售（见表 7-1）。

表 7-1　2017—2021 年奥驰亚的业务结构

单位：百万美元

收　入		2017 年	2018 年	2019 年	2020 年	2021 年
传统烟草	收入	22636	22297	21996	23089	22866
	占比	88.5%	87.9%	87.6%	88.3%	87.9%
口含烟	收入	2155	2262	2367	2533	2608
	占比	8.4%	8.9%	9.4%	9.7%	10.0%
其他	收入	785	805	747	531	539
	占比	3.1%	3.2%	3.0%	2.0%	2.1%
	合计	25576	25364	25110	26153	26013
营业利润		2017 年	2018 年	2019 年	2020 年	2021 年
传统烟草	营业利润	8426	8408	9009	9985	10394
	占比	87.8%	92.2%	87.2%	91.8%	89.9%
口含烟	营业利润	1306	1431	1580	1718	1659
	占比	13.6%	15.7%	15.3%	15.8%	14.4%
其他	营业利润	−139	−724	−263	−830	−493
	占比	−1.4%	−7.9%	−2.5%	−7.6%	−4.3%
	营业利润合计	9593	9115	10326	10873	11560

三、拆分：为了让公司更有效率

奥驰亚在 2008 年将菲利普·莫里斯国际业务独立拆分上市，奥驰亚采用的方式是将独立出来的菲利普·莫里斯国际的股权平均分给持有奥驰亚公司的所有股东。而这两家业务除了在品牌授权上有小部分的业务关系外，就再没有太大的关系了。

原来持有奥驰亚股票的股东在 2008 年 4 月后，按照等比例的原则，持有同样比例菲利普·莫里斯国际的股票，这家新公司也不用走太多的流程，可以直接在交易所挂牌。

在美国，很多优质的公司对下属公司进行拆分，更多是为了提升股东收益，采用将股权平移的方式，让独立拆分出来的公司与原公司彻底剥离开。这种做法通常发生在公司内部相关业务比较独立，而且与原公司主体业务相对独立，这种独立发展更加有利于提升企业效率，创造更好的股东收益。

对于奥驰亚来讲，烟草的国际业务与美国本土业务本身就是完全独立的两个市场，而烟草行业并不需要太多的研发，在各个不同的市场上做好相关的合规工作、拓展业务才是发展的核心。而美国本土业务的合规与其在全球其他区域的合规和市场拓展，几乎没有什么可以相互结合的地方，而将国际业务独立发展，则更能增加国际业务团队的积极性。

四、市场波动与投资需要的耐心

尽管奥驰亚的业务模式如此简单清晰，但其股票价格在拆分之后的任何一个年度里，波动也都是巨大的。金融危机之后，美股迎来了长达 10 年的大牛市，但对于奥驰亚这样的公司，股票价格波动 30%～50%几乎是年年都要发生的事情。

从股价波动的角度看，资产价值的稳定性显然是不算高的，然而不论公司股价如何波动，作为一种资产，其产生的现金流（股息）却一直是持续稳定增长的——过去 10 多年每股股息平均年增长率超过了 8%。从现金流增长的角度看，这样稳定分红的资产看起来又是极其稳定的（见表 7-2）。

在资本市场的参与主体是多种多样的，有的投资者是以投机的心态参与的，有的投资者是在市场上寻找合适的现金流资产抑或成长型资产。市场价格本质上是多方博弈后的短期结果。如果我们可以清晰地知道自己想要什么，便不会被资本市场上每日的价格变动所困扰。

五、业务理解是财务分析的基础

在过去三五年的时间里，奥驰亚的股价在资本市场的表现并不好。一家业务如此之稳定的公司，股价从 2017 年约 78 美元/股的高点，一度跌至 2020 年 3 月约 30 美元/股的低点，两三年时间的回撤幅度超过了 60%（见图 7-3）。即便到了 2022 年第一季度，该公司的股价相比之前依然有比较大的回撤。此外，其每股股息增长速度放缓，甚至在 2019 年里，一度出现了 13 亿美元的亏损。这些都是引发公司股票价格出现大幅回撤的原因。然而对于

表 7-2　2009—2022 年奥驰亚的股价和流通股数量的变化

单位：美元

年　份	2009	2010	2011	2012	2013	2014	2015
当年股价最高价	20.47	26.22	30.40	36.29	38.58	51.67	61.74
当年股价最低价	14.50	19.14	23.20	28.00	31.85	33.80	47.31
股价最大涨幅	41.2%	37.0%	31.0%	29.6%	21.1%	52.9%	30.5%
股价最大跌幅	−29.2%	−27.0%	−23.7%	−22.8%	−17.4%	−34.6%	−23.4%
当年每股股息	1.32	1.46	1.58	1.7	1.84	2	2.17
流通股数量（百万股）	2076.0	2088.7	2044.4	2009.7	1993.5	1977.0	1960.1

年　份	2016	2017	2018	2019	2020	2021	2022
当年股价最高价	70.15	77.79	71.86	57.88	51.78	52.59	57.05
当年股价最低价	56.15	60.01	46.49	39.30	30.95	40.00	40.35
股价最大涨幅	24.9%	29.6%	54.6%	47.3%	67.3%	31.5%	41.4%
股价最大跌幅	−20.0%	−22.9%	−35.3%	−32.1%	−40.2%	−23.9%	−29.3%
当年每股股息	2.35	2.54	3	3.28	3.4	3.52	3.68
流通股数量（百万股）	1943.3	1901.3	1874.1	1858.0	1858.4	1823.2	1785.6

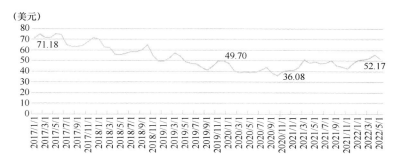

图 7-3　2017—2022 年奥驰亚的股票价格的变化情况

一家稳定经营的公司，突如其来的亏损到底是因为什么？对于公司长期经营有什么重要的影响？而这些财务数据背后的原因，值得长期投资者做更加深入的思考。

奥驰亚在 2019 年的亏损，并没有影响公司提升每股股息的进程。事实上，引发公司亏损的最为重要的原因，是公司在 2018 年底投资 128 亿美元，成了美国当时最大的电子烟公司 JUUL 的单一大股东。然而在投资后不久，由于 JUUL 涉及向未成年人出售电子烟，在全美不少地区遭遇大量法律诉讼，影响公司业务暂时性的经营。

对于奥驰亚来说，在财务上计提投资的损失失误并没有造成丧失 JUUL 公司控制权的后果，甚至 JUUL 公司的董事会后续被奥驰亚逐步接管。而考虑到公司传统业务坚实的基础，奥驰亚的经营性现金流几乎没有受到任何的影响。如果考虑到对于 JUUL 的 128 亿美元的投资几乎完全来自于公司的债务融资，而每年新增三五亿美元的利息成本，对于可以产生约 70 亿美元利润的奥驰亚来讲，本身的负担也并不算太大。更重要的是，考虑到电子烟可能对于传统烟草产生的颠覆式影响，这笔投资从风险收益比上看是非常合算的。2019 年的"技术性亏损"有一定业务上的偶然性，也帮助奥驰亚的股东省下了不少企业所得税。

如果一个投资者看的仅仅是盈利的财务数据，突然亏损必然会让投资者感到紧张。如果可以站在长期投资者的视角来看，这次亏损也带来了不少长期买入的机会。2019 年的亏损，叠加疫情的影响，让奥驰亚的股价跌到了约 30 美元/股。按照当年的股息率，收益率已经达到了约 11%。这是一家已经连续增加每股股息近 60 年的公司，其业务基础之牢固，对于有基本商业常识的投资者，都不算难懂。如果投资者追求的预期不算太高，这样可以提供稳定现金流的资产，从理性的思考上，值得不少投资者去考虑配置。

在美国资本市场上，有不少消费品公司与工业公司都具有数十年不断提升每股分红的历史。其中不少公司业务的护城河很深，理解起来并不算困难。而在美国资本市场上，也存在不少属于传统产业，但经过科技进步洗礼、完成自我进化的公司。接下来让我们看看标普全球是如何从传统媒体进化成数据评级公司的。

第二节　标普全球：传统媒体的脱胎换骨之旅

一、标普全球的发展历史

当提到标准普尔这四个字，大家首先会想到什么？可能是每天可以在新闻上看到的标准普尔 500 指数、标准普尔信用评级。该公司是在 1929 年美国经济大萧条开始前一个月上市的公司，是美国市场上为数不多的百年老店之一。上市时公司的名字叫作麦克劳希尔（McGraw Hill），是美国最大的出版传媒集团。

大家一定会好奇，一家出版传媒集团，是如何一步步完成蜕变，成为全球最大的评级机构和金融科技企业的呢？1860 年，亨利·瓦纳姆·普尔（Henry Varnum Poor）为了帮助大家更好地理解当年的高科技行业，尤其是铁路与运河的业务，创办了普尔出版公司，定期发表关于美国铁路与运河工业的相关资讯，并在 1916 年发布了全美最早的评级报告。1896 年，记者查尔斯·道（Charles Dow）创立了道琼斯公司，这也是美国最早帮助投资者了解市场整体趋势的公司之一。

1909 年，油气行业是当年最为热门的行业，Warren Cumming Platt，一个年轻的行业记者开始创业，每月报道全美油气行业的新闻。1923 年，Platts 公司开始向市场提供油气行业的数据与分析服务。该公司在 1953 年被麦克劳希尔收购，成为这家上市公司业务体系的一部分，保存至今。

1941 年，标准数据公司为普尔出版公司注入了技术的基因，两家公司合并形成了标准与普尔公司（Standard & Poor's）。合并后的公司在 1957 年推出了目前全球最受关注的指数标准普尔 500 指数，这也是全球第一家通过计算机算法计算出的股票指数。

1966 年，麦克劳希尔收购标准普尔公司。到了 2010 年，该公司已经成为年收入超过 60 亿美元、利润超过 16 亿美元的产业集团，主营业务涵盖出版、资讯服务、数据服务、信用评级。

在过去的 2010 年至 2020 年 9 月的 10 年多时间里，该公司营业收入基本保持不变，2019 年营业收入接近 67 亿美元，但营业利润翻倍，超过 32 亿美元。让人惊叹的是，在不计算股息收益的情况下，该公司为股东创造了近 10 倍的收益。而同期的标准普尔 500 指数的收益率还不到两倍（见图 7-4）。是不是有点买标普指数不如买标普全球公司的感觉？一家如此大型的公司，是如何做到这一切的呢？

二、观察与思考

1. 让更有希望的"干儿子"来当家

在洞察到科技将给出版、金融服务、数据等行业带来的深刻变化后，2011 年，当时公司的董事长 Harold McGraw 为提升长期股东价值，提出了一个非常有远见的战略计划：将业务收入占比超过 50% 的出版与传媒业务逐步剥离，未来将成为以评级为基础，以金融、产业数据分析、指数服务为核心的综合金融科技集团。

公司在经过几年的时间逐步将传媒业务剥离出去后，在 2016 年，将用了近百年的名字麦克劳希尔改成了标普全球（S&P Global Inc.）。自此，该公司用收购进来的业务完全取代了公司创立之初的业务，新业务成了该公司在 21 世纪的新增长引擎。这样一个大型企业，是如何做好二次创业的呢？首先让我们了解一下近 10 年该公司收入与利润结构的变化。

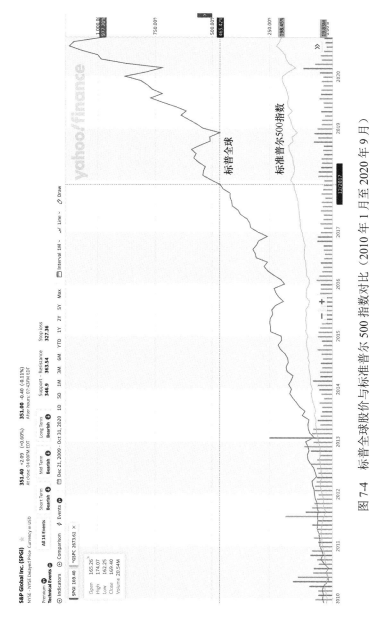

图 7-4 标普全球股价与标准普尔 500 指数对比（2010 年 1 月至 2020 年 9 月）

2．业务结构变化决定公司未来潜力

评级业务在过去十年都是公司非常重要的业务，而且该业务板块在收入占比上，特别是利润占比上，都有了很大的提高，过去十年业务收入增长 83%，利润增长超过 130%。虽然在 2019 年该板块的业务在名称上发生了一些变化，2010 年公司将评级业务称为 S&P，2019 年改为 Ratings，但业务的经营范围并没有发生实质性的改变。同时，在 2010 年，占公司收入近 40%、运营利润超 20% 的教育出版业（McGraw Hill Education）已经被剥离出了上市公司，而这一决定让公司的运营利润率水平从 2010 年的 23%，逐步提升到了 2019 年的 48%（见表 7-3 和表 7-4）。

表 7-3　2010 年标普全球的收入与运营利润结构

2010 年	收 入 类 型	收入（百万美元）	运营利润（百万美元）	收入占比	运营利润占比
1	标普评级	1695	762	27%	48%
2	麦克劳希尔财经出版业务	1189	315	19%	20%
3	麦克劳希尔教育出版业务	2433	363	39%	23%
4	麦克劳希尔媒体业务	908	160	15%	10%
5	内部关联交易影响	−56	0	NA	NA
	合计	6169	1600	100%	100%

注：合计不受小数点后四舍五入影响。

表 7-4　2019 年标普全球的收入与运营利润结构

2019 年	收 入 类 型	收入（百万美元）	运营利润（百万美元）	收入占比	运营利润占比
1	评级业务	3106	1763	46%	55%
2	市场资讯数据业务	1959	607	29%	19%

（续）

2019 年	收 入 类 型	收入 （百万美元）	运营利润 （百万美元）	收入 占比	运营利润 占比
3	标普能源行业数据分析业务	774	438	12%	14%
4	指数服务	918	630	14%	20%
5	内部关联交易影响	−58	−212	NA	NA
	合计	6699	3226	100%	100%

注：由于部分收入双记在不同的业务板块中，所以存在内部关联交易的影响，合计中剔
　　除了这部分影响。

更重要的是，尽管出版传媒业务的利润率也还不错，但显然数据业务有着更加光明的前景。很显然，在当年这么做是需要相当大的勇气的，但回头来看，这是非常明智的举动。对于过去几年间，大量曾经辉煌但最终破产倒闭的传统媒体公司来说，未雨绸缪是多么重要的事情。

该公司在 2019 年的市场资讯服务（Market Intelligence）、指数服务（Indices）主要来自于原来 McGraw Hill Financial 的业务，而 Platts 的业务是 McGraw Hill Information & Media 在剥离媒体业务后剩下来的能源与大宗商品的数据分析的业务。

三、公司现有业务结构

在该公司前所未有地聚焦于以数据业务为主的金融科技服务领域后，市场给予了公司非常高的期待，我们更加详细地来拆解一下现在该公司的四大业务。

1．信用评级业务

该公司现在的四大业务中，信用评级业务（见图 7-5）是其最为重要与稳定的基本盘，信用评级业务的好处就在于不论是股票、债券，还是各种衍生品，只要有发行的证券就有被评级的需求，而只要证券不消失，这样的收入就可以一直持续下去，不同于传统的银行存贷业务，评级业务并不会因证券的价格波动、债券的违约而受到严重的影响。

Combining The Business And Financial Risk Profiles To Determine The Anchor

Business risk profile	--Financial risk profile--					
	1 (minimal)	2 (modest)	3 (intermediate)	4 (significant)	5 (aggressive)	6 (highly leveraged)
1 (excellent)	aaa/aa+	aa	a+/a	a−	bbb	bbb−/bb+
2 (strong)	aa/aa−	a+/a	a−/bbb+	bbb	bb+	bb
3 (satisfactory)	a/a−	bbb+	bbb/bbb−	bbb−/bb+	bb	b+
4 (fair)	bbb/bbb−	bbb−	bb+	bb	bb−	b
5 (weak)	bb+	bb+	bb	bb−	b+	b/b−
6 (vulnerable)	bb−	bb−	bb−/b+	b+	b	b−

图 7-5　标普全球的评级业务展示截图

2．市场数据资讯业务

市场数据资讯业务，是在传统媒体上，结合科技投入衍生的数据服务产品，这一块业务的核心产品就是以 Capital IQ 为主的综合性金融数据平台。Capital IQ 也是该公司 2004 年花 2 亿美元收购的一家数据公司，而目前这家公司的产品是市场上为数不多可以与彭博金融终端、Factset 数据终端竞争的综合性金融数据平台。此外，在美国、加拿大资本市场上发行的股票、国债、地方债、ETF、公募基金等证券都有会有一个 CUSIP 的代码，例如，标普全球的 CUSIP 代码是 78409V AB0，这个代码的生成与管理服务，也是由标普全球提供的。

3．标普能源行业数据分析业务

这块业务延续了 100 多年，科技改变了数据分析的方式，也同时给了这个行业利用数据的更好的分析与决策机会，使标普全球能够结合深入的行业积累，通过数据化的方式，生产出在垂直行业领域有着重要影响力的数据服务产品。对于传统能源服务公司来说，7 亿美元的年收入也许不算多，但超过 4 亿美元的运营利润和超过 50%的运营利润率，让即使是能源行业的油服巨头都感到汗颜。

4．指数服务

其指数服务比较简单，以标准普尔 500 指数、道琼斯指数为旗舰产品，公司旗下有一系列的相关指数，所有其他基金管理公司需要发行的相关指数基金，都需要按照其规模向标准普尔全球支付相关的授权费。与此同时，公司还面向特定用户提供个性化的指数编制服务。但传统基于资产规模的授权业务收入占到了指数服务收入的近 70%，这一业务真可谓是一本万利。

四、国内公司的借鉴

1．思考公司存在的意义

一个公司存在与发展的意义不在于在既有产业做到第一，而在于持续性创造股东收益，同时提升产业的效率，创造社会价值。不纠结于过去的辉煌，敢于放手探索，让更有前景的业务主导公司，让更加专业的人来管理公司，这样的公司才可能有持久的生命力。不少西方传统能源公司也开始着力投资新能源产业，如果说 50 年后，像埃克森美孚、BP 这样的传统能源公司将主业切换到太阳能、风力发电等业务领域，我想也并不奇怪。

2. 战略要高，执行要精

传媒行业的公司在业务转型过程中的一个重要的矛盾在于很难有很好的执行力。评级业务和数据业务当然需要很强的资源与公信力，但一款好的数据产品有持续输出，需要对行业需求有持续性的洞察，有很大的产品开发投入。尽管标准普尔全球在评级与指数业务上的成功得益于其长期在传媒和出版业的影响力，但其产品可以在竞争激烈的行业中持续脱颖而出，一定是因为其团队有着很强的执行能力。

要知道，在美国现在被动投资的规模已经超过了主动投资，而 ETF 基金的数量甚至已经超过了上市公司的数量。如果公司的数据业务、指数业务依然按照传媒和出版业的方式管理，是很难持续获得成功的。这也是 2013 年公司前 CEO Harold McGraw 退休后，公司启用的新 CEO 是在金融行业有着丰富经验的前花旗银行的首席运营官 Douglas L.Peterson，而非做传统媒体的从业人员。

最近两年，标普全球通过收购人工智能公司 Kensho Technologies，以及 HIS Markit,进一步完善在金融科技领域的产品线以及巩固市场主导地位,让科技的力量不断增强公司影响力,为股东、为社会持续创造更大的价值。

第三节 Adobe:低调的隐身巨人

Adobe 是一家很低调却极其值得深究的科技公司。1982 年,约翰·沃诺克(John Warnock)和查尔斯·格什克(Charles Geschke)两位前施乐公司的研究员,在硅谷创办了 Adobe 公司。在 Adobe 还只是家年收入 170 万美元的初创公司时,就被乔布斯看中,并打算收购,但最终乔布斯只投资了 19%的公司股份。到了 1999 财年,公司收入已突破 10 亿美元。在 2007 年金融危机时期,Adobe 受到影响,市值从 240 亿美元迅速砍半。此时曾是乔布斯爱将的山塔努·纳拉扬(Shantanu Narayen)接手 Adobe。直到 2015 年,公司市值才再次回到 240 亿美元以上。从此之后,一发不可收拾。在 2019 年底突破 1000 亿美元大关之后,仅仅不到 9 个月的时间,公司市值再次翻倍,而这种境况竟然还发生在百年不遇的新冠疫情期间。

大家一定好奇,这一切究竟是如何发生的:Adobe 靠什么吸引了乔布斯?为何能在 10 年间股价涨了 10 倍(见图 7-6)?未来 Adobe 还能保持这样的上涨趋势吗?对中国软件从业者、投资者有何借鉴意义?本节将从产品、领导者、商业模式等方面详解

Adobe，并基于业务分析探讨其发展前景。

证券代码	证券简称	区间涨跌幅 [起始交易日期]2007-02-04 [截止交易日期]2020-09-30 [单位]%
ADBE.0	奥多比（ADOBE）	1063.8

数据来源：Wind 数据终端。

图 7-6　2007—2020 年 Adobe 的股东收益

一、公司产品线

说起 Adobe 这家公司的产品，工科生、设计者们肯定不会陌生，它们的 Photoshop、Flash 等产品，从图像处理到文档编辑等工具，早已风靡全球。公司的软件产品早有成百上千种，但整个产品线大致围绕两大业务品类：数字媒体和数字体验。

1．数字媒体

这一板块包括了 Adobe 公司最为著名的旗舰产品 Adobe Creative Cloud。作为订阅类的集合产品，这里包括了我们都熟悉的 Photoshop、Illustrator、Premiere、Adobe XD 等一系列内容开发软件。

2．数字体验

与数字媒体业务相比，数字体验是内容创造者的管理工具。其产品是围绕数据分析、内容与商业化、客户管理以及广告服务展开的。与数字媒体业务类似，这一块的业务大多也都是以订阅的形式完成交付的。而随着数据慢慢变成最为珍贵的资产，开发这些资产的工具也有着巨大的商业潜力。公司也正期待着通过数字体验的服务来改变世界，并实现公司业务的下一波快速增长。

二、10 倍股的由来

如图 7-7 所示，Adobe 的市值从 2008 年至 2021 年涨了近 10倍，但其业务收入上涨约 36 亿美元，不到 3 倍（2019 年公司实现业务收入约 112 亿美元）。难道说华尔街长期处于疯狂的状态吗？我个人认为并不是，拆解一下个中缘由，主要有四点：商业模式的转变、合理的并购策略、合理的资本配置和领导者因素。

1. 商业模式的转变

21 世纪初，软件市场依然以销售软件产品为主要方式，产品的单价很高，每一次推出新产品后，总是很难覆盖原有的市场。用户的产品使用周期无法控制，给软件企业在新产品开发上带来了更多的挑战。公司的收入水平也很难被预测，往往波动很大。

为了解决这一问题，纳拉扬担任 CEO 之后，就开始推动公司业务模式的转型，从销售产品转向订阅服务，也就是现在炙手可热的 SaaS 模式。从用户角度看，这也是一笔更划算的买卖，原来高价买一款软件，现在按月或者按年付一个便宜的价格，就可以用到更多、更新的应用体验。

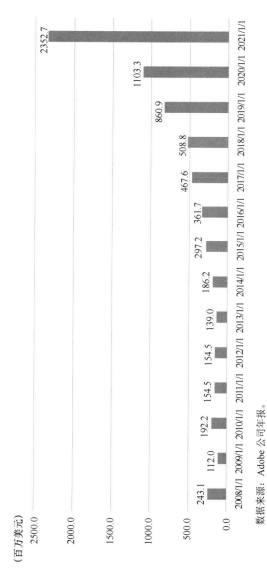

图 7-7　2008—2021 年 Adobe 的市值变化

数据来源：Adobe 公司年报。

2007 年，Adobe 公司的订阅服务收入仅 4100 万美元，在公司超过 35 亿美元的收入里，占比不到 1.2%；软件产品销售的收入超过 33 亿美元，占比接近 95%。但是随着公司不断推行订阅模式，到了 2014 年，以 SaaS 服务为主的订阅收入已经全面超过软件产品销售的收入。而此时，微软公司才刚刚开始将自己的软件产品线向订阅业务做转型。到了 2019 年，Adobe 公司的收入首次突破了百亿美元，其中订阅服务的收入占比已经接近 90%，传统的软件产品销售收入不足 6%（见图 7-8）。

你可能会想，Adobe 营收在过去 10 几年大幅提升，完全是由于商业模式的转变吗？答案并非如此。通过订阅模式，Adobe 公司可以更好地发现用户需求，同时整合更多产品来不断满足用户相关或者可扩展的需求。而这就是 Adobe 成功的第二个关键因素，围绕公司核心战略的并购策略。

2．合理的并购策略

Adobe 的产品一直以来是内容创作者必备的软件工具，但是软件总会有其可以优化和升级的空间，并且一家公司想要长时间地一直保持优势也不容易。2007 年，账面还有 20 多亿美元的 Adobe，拿出了 1 亿美元，探索成立了公司第一只风险投资基金 Corporate Ventral Capital（CVC）。

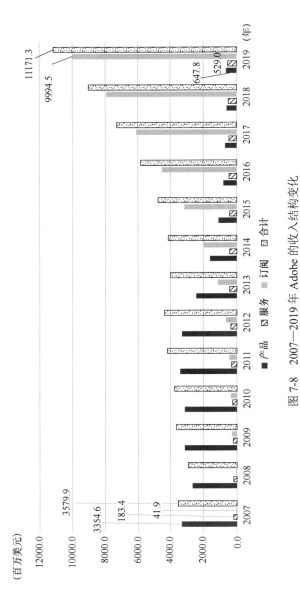

图 7-8 2007—2019 年 Adobe 的收入结构变化

与此同时，在 2007—2019 年，Adobe 以母公司为主体，完成了 26 笔并购投资，这其中并不包括旗下全资子公司的对外并购投资。在并购的策略上，Adobe 充分利用自身的业务体系，如公司会将自己的产品组合对开发者开放，以此来观察哪些产品更受特定用户的喜爱，再择优纳入旗下。例如，公司在 2007 年收购了一家 80 人的小公司 Scene 7，在收购之前，这家公司的产品就是通过 Adobe 的产品组合销售给 Sears、梅西百货这样的零售商的。

公司计划未来的核心增长点——数据体验（Digital Experience）业务，更是在很大程度上是通过并购和内部业务整合而来的。Adobe 在 2018 年花了近 50 亿美元收购的 Marketo，是其历史上最大金额的收购案。而 Marketo 在 Adobe 数据体验业务中的整合效果，也将会在很大程度上决定公司可持续增长的能力。

通过自身优秀的产品基础打造平台，通过平台发现优质产品和并购标的，通过并购方式优化公司产品线，找到持续的业务增长点，构建细分领域的生态系统，Adobe 对这套打法已经是轻车熟路了。

3. 合理的资本配置

从纳拉扬接手公司到现在，公司收入涨了 3 倍，利润上涨 7.3 倍，股东收益更是上涨了 10 倍。其中估值高只是部分原因，核心还在于公司合理的资本配置。在公司转型过程中，和金融危机之时，Adobe 都进行了大量的股票的回购。这使得 2007—2019 年，公司流通股的数量从接近 5.7 亿股，下降到了 4.8 亿股，流通股减少了近 15%（见图 7-9）。公司赚的钱多了，而分的人少了，剩下的股东收益自然也就更高了。

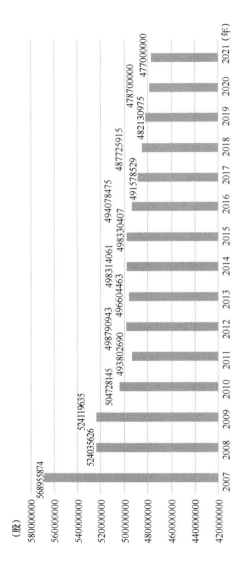

图 7-9　2007—2021 年 Adobe 的流通股数量变化

4．领导者因素

从 2007 年底开始执掌 Adobe 的纳拉扬到底有多牛呢？我们来做个比较，微软公司的现任 CEO——纳德拉是从 2014 年 2 月开始接管微软的。凑巧的是，他与 Adobe 的纳拉扬一样，都是公司的第三任掌门人。而 2014 年 2 月到 2020 年第三季度末，微软公司股价上涨了约 5.7 倍，Adobe 公司股价则上涨超过 7.4 倍（见图 7-10）。

序号	证券代码	证券简称	区间涨跌幅 [起始交易日期]2014-02-04 [截止交易日期]2020-09-30 [单位]%
1	ADBE.0	奥多比（Adobe）	744.3
2	MSFT.0	微软（Microsoft）	565.1

图 7-10　2014—2020 年 Adobe 与微软的股东收益对比

纳拉扬与纳德拉分别担任公司 CEO 时，两家公司股价表现见图 7-11 及图 7-12。

坦白来讲，纳拉扬接班的日子并不是太好过。上任伊始，就碰上百年不遇的金融危机，市值遭遇减半的困境。但显然，纳拉扬很有勇气也更加坚忍。

三、Adobe 基于业务的预判

Adobe 在软件应用上的用户体验已经近乎完美，但对于软件的使用者来讲，除了创作内容之外，现在更加需要了解创作内容的市场反馈，这也是为什么近些年 Adobe 一直在加大数字体验这一领域投资的原因。对于 Marketo 的并购，更体现出公司对于数

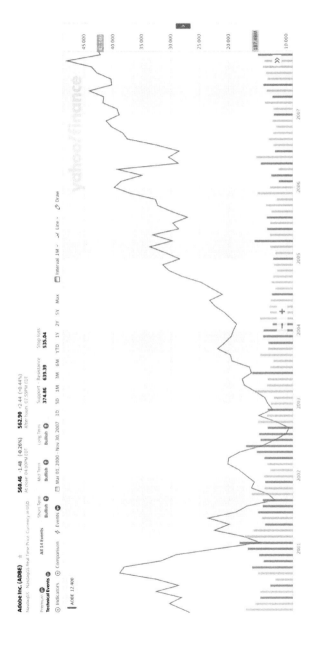

图 7-11　纳拉扬担任 Adobe CEO 后的股价表现（2000 年 3 月至 2007 年 11 月）

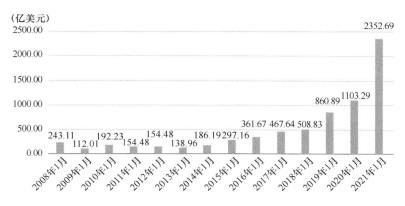

图 7-12　Adobe 的市值变化（2008 年 1 月至 2021 年 1 月）

字体验业务的重视程度。在接下来的两三年内，公司如何将数字媒体的业务与数字体验的业务更好地融合发展，构建数字内容创造世界的生态系统，将决定 Adobe 未来 10 年的发展。

到目前为止，Adobe 公司不仅实现了超预期的股东收益，而且作为一家软件公司在未来依然有着很大的发展空间。相信这家 10 年超 10 倍收益的公司必然不能被投资者、科技创业者们所忽视，其未来值得更加深入的复盘。

四、给国内相关企业的借鉴

1. 产品为王

软件服务领域在国内很热，却鲜有规模化的公司出现，这里面我认为有两点值得参考。

产品足够独特，可以给使用者无法替代的价值点。Adobe 的 Photoshop 等一系列王牌产品，确实是设计工作者无法缺少的工具，这也就赋予了 Adobe 一定的给软件定价的权利，只要不贵得离谱，一定有市场。

这就要求产品做到足够好。对于软件这个行业来讲，性价比是没有任何意义的。因为这个行业的边际成本太低，只有足够好的产品，才可以赢得市场。目前中国新一代的 SaaS 公司中，像有赞以及小鹅通等软件公司，已经有了在垂直领域高速发展的潜质，未来的发展也非常值得期待。

2. 建设生态系统

当产品足够好之后，可以适度开放生态，让这个生态中出现第三方的生产者，就像 Adobe 在订阅模式之后，开放自己的客户给第三方软件公司一样，自己可以通过建立自身的生态体系，通过并购的方式完善自身的产品和服务，逐步形成一种良性的生态体系。这样，只要自身生态提供的价值不断增长，公司就可以得到持续增长的发展机会。

第四节　FICO：换种角度看企业发展与中小股东的收益

我们现在看到的那些强大而受人尊重的公司，大多是因为公司不仅在商业上取得成功，而且在改变人类生活方式和推动社会进步上取得了巨大成就，从而得到人们的关注。美国的苹果、微软、谷歌和亚马逊，中国的阿里巴巴和腾讯，无不如此。然而在美国也有这么一家对于全球金融系统有着至关重要影响的公司，但其市值仅仅不到摩根大通的 4%、阿里巴巴的 2%、贵州茅台的 4%。这家公司就是 Fair Isaac Corporation，也就是大家常说的 FICO。

一、公司背景

1956 年，工程师 Bill Fair 和数学家 Earl Isaac 在旧金山创立了 FICO，公司在 1958 年推了世界第一款个人信用积分系统，通过与美国三大征信公司（Equifax、Experian、Transunion）的数据合作，公司将与个人的信用相关的活动作为输入，通过独有的算法，将每个人的信用转化成一个 3 位数的积分，积分从 300~850 分不等，积分越高就说明信用越好。对于一个注重个人信用的商业社会来讲，高信用的价值不言而喻。

在 FICO 起步的 20 世纪 70 年代，美国的种族歧视尤为严重，银行对于金融服务的对象往往会有着先天的偏见。FICO 推出的个人信用积分系统后，极大地降低了金融服务中的种族歧视现象，促进了社会的进步。而 FICO 积分在金融领域的广泛应用，不仅仅促进了社会的进步，还为金融机构带来了更加行之有效的风控方式，而且也让自己成了金融行业活动的规则制定者之一。这一重要的作用，保证了 FICO 的基业长青。

截至 2020 年 11 月底，这家市值不到 140 亿美元的公司在过去不到 10 年时间里为股东创造了超过 20 倍的收益。即便不计入股息收入，其年化复合收益率也超过 40%（见图 7-13）。

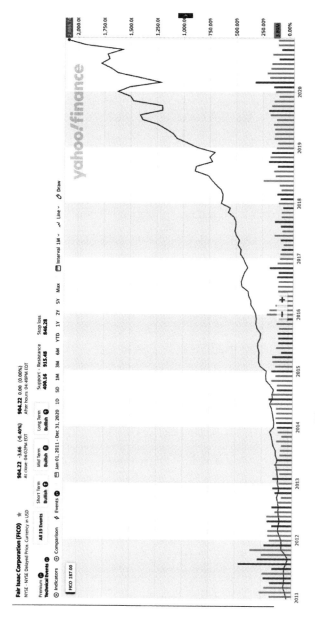

图 7-13　2011—2020 年 FICO 股票市场表现

大家一定会好奇：这家市值不到茅台市值 4%的公司，是如何在美国的社会生活中扮演着不可或缺的角色的？FICO 都有哪些核心竞争力，确保了旗下业务的长线增长？FICO 的成功对于国内金融科技行业又有哪些启发？

二、巨大的影响力

我们在这里所说的 FICO 拥有的巨大影响力，指的并不是它从十年前几亿美元市值的公司成长为百亿美元市值的公司而建立的，而是它渗透到美国的社会生活中，在金融体系中有着巨大的影响力。在美国，几乎所有人都需要通过 FICO 的信用报告办理个人信用相关的业务，无论是贷款、买保险，还是购物分期付款，都会被要求提供 FICO 的信用积分（FICO SCORES），而 FICO 也在用自己的服务保护着全球 25 亿张信用卡的安全使用。

在我看来，评价一家公司最好的方式，不在于规模与利润，而在于是否有好的社会价值，具体表现在对于人类生活方式的改变、社会效率的提升、产业的贡献以及对长期中小股东的回报。

在信用市场，三大征信公司掌握用户信用的行为数据，而金融机构掌握消费者需要的资金，FICO 作为一家独立的第三方公司，在这个市场里面看似什么都没有，却可以长期成为游戏规则的制定者。虽然看起来匪夷所思，但这也是各方对于 FICO 长期信任的价值。这才是 FICO 数十年来可以稳定发展最为核心的基础。更重要的是，这种信任会随着时间的推移，不断加深，形成复利效应，以至于这个行业中，很难找到替代品。

三、公司的主营业务

FICO 目前的主要业务分为三类：应用软件（Application Software）、积分（Scores）、决策管理软件服务系统（Decision Management Software）。为了帮助大家更好理解 FICO 的业务，我们可以先看个小例子。

一个美国中产如果需要买房买车，那么就要看看他个人的信用积分，这一积分决定了银行能给他的贷款条件，从金额到利率以及其他附加条件，积分越高，就越有可能获得好的贷款条件，其中应用最为普的就是 FICO 的积分。

当然，任何一个人都可能有很多个不同的 FICO 积分报告，例如 FICO 向美国三大征信公司获取相关用户信用数据的同时，也将自己的算法销售给三大征信公司，三大征信公司也会根据自己的数据来源推出公司对应的信用积分。

另外，FICO 还会根据不同条件，设计对应行业的 FICO 积分。当一个人去贷款买车的时候，这个人往往需要花 20 美元去买一份关于自己的 FICO 信用报告，与此同时，金融机构也会通过 FICO 的服务从不同角度对这个人进行调查，看看是否存在欺诈等风险。而 FICO 向金融机构提供的信用积分往往会与个人自己买的信用报告的积分有些差别。

除了面向个人用户与企业用户提供消费者的信用报告服务外，在过去 10 多年的时间里，FICO 借助大数据以及人工智能的服务，开发出了相关的决策管理软件服务系统。这套系统是干什么的呢？

如果说信用报告及相关软件更多的是帮助金融机构控制风险，帮助信用好的用户获取更优惠的金融服务的话，决策管理软件服务系统则帮助企业以更有效的方式与用户进行互动，获得更好的商业利润。企业可以通过 FICO 的决策管理软件服务系统作二次的深度开发，给用户设计相关定制化的产品和服务，而产品和服务的设计依赖于 FICO 的人工智能体系。

我们可以想象一个场景：当一个人出现在酒店进行信用卡消费的时候，FICO 系统可以通过分析来判断这个人是商务出行还是与家人旅游，然后有针对性地结合金融机构的服务产品，选择推送进一步的服务，例如门票优惠券或者是餐厅折扣券等，与此同时，根据用户的反馈情况，不断去改善与优化系统。这一体系的王牌产品就是很多银行从业人员比较熟悉的 FICO Blaze Advisor。

但这几年，FICO 将更多的预测系统、优化系统服务进行了更加深度的融合，形成了现在 FICO 面向企业的王牌服务产品 FICO Decision Management Suit。这是一款结合大数据、预测分析、决策执行的开发工具。

四、为长期目标，有耐心去努力投入

从财务数据来看，FICO 70%的毛利润水平和大约15%的净利润水平并不低。但如果从全行业来看，一个每年数十万亿美元的消费信贷市场，都在依托 FICO 的信用体系来维持，这点成本看起来就微不足道了。但前提是通过 FICO 的信用体系，金融服务可以给用户做合适的定价，而用户也确实可以根据自己真实的消费能力，选择到最优的金融服务。

FICO 将自己所有的资源都集中在算法的开发，以及为用户提供更加高效的服务上。而非延展性地去收集用户的资料，或者是从事来钱更快的消费金融业务。以提升行业效率而非公司规模为目标，克制自己也是 FICO 持续成功的关键因素。

FICO 的长期投入在多大程度上可以帮助其用户呢？我们可以看一个 FICO 在我国金融科技行业中的实践。民生银行信用卡中心这两年开始使用 FICO Blaze Advisor 的服务，根据2019年的新闻，民生银行使用该服务后，用户响应速度提升 10%～15%，营销活动时间成本降低了70%，首刷率提升了14%。当然，这仅仅是开始，随着用户数据进一步丰富，系统的有效性也会越来越好。

大家可能没有想过的是，尽管决策管理软件服务系统是非常昂贵的服务，而产品已经推出超过十年，但这块业务对于 FICO 来讲，自2016年重组至今，依然在亏钱，但公司依然坚持在该领域做持续的长期投入。而 FICO 下一代产品的持续成功，也将会依赖于未来决策管理软件服务系统业务在市场上的表现。

五、基于 FICO 的成功，对我国金融科技行业长期发展的一些思考

在国内科技企业中，从事消费者个人信用积分业务的公司大致是蚂蚁信用和腾讯信用，这两家公司在各自领域变成了很多人生活中必不可少的存在，通过社交、电商与支付环节的留存数据，通过自身的算法形成了海量用户的信用积分。与此同时，这两家公司或者是持股公司，例如蚂蚁金服作为大股东的网商银行，或者是腾讯作为第一大股东的微众银行，也都在从事个人的信用贷款业务。但遗憾的是，目前暂时还没有任何一家公司可以拥有对方的数据资源，而且也很少有金融机构愿意真实参考信用积分来推动金融服务的发展。

在中国，该领域的发展空间依然很大，有没有可能有这么一家公司，既没有用户数据，又没有金融服务的业务，但有着较强的技术背景以及被人信任与尊重的价值观，并且可以同时得到诸多金融巨头的信任，成为行业提升效率的关键要素，让我们拭目以待。

第五节　曼哈顿联合软件：应对产业变革的智力贡献者

曼哈顿联合软件是一家从事供应链服务的软件公司，在 2010 年

到 2020 年第三季度这 10 年多的时间里，一共为股东创造了约 15 倍的投资收益。这样的收益远高于同期股指近 2 倍的收益，也远高于谷歌同期不到 4 倍的收益，略低于亚马逊同期 22 倍的收益，与移动互联网时代最热门的苹果的收益相当（见图 7-14）。

这家市值只有不到 70 亿美元的公司，在新闻热度上也完全无法与谷歌、亚马逊和苹果相提并论，搜索量不到上述这几家公司的 1%（见表 7-5）。

大家一定会好奇，这家如此低调的软件公司，是如何做到的呢？对于我们在公司投资以及制定战略上又有哪些启示呢？让我们一起来复盘一下曼哈顿联合软件的公司发展。

一、公司背景

20 世纪 80 年代初，公司核心创始人艾伦·达比埃（Alan Dabeirre）在库尔特·萨蒙（Kurt Salmon Associates）公司工作时认识了另外几个公司创始人，迪帕克·拉加万（Deepak Raghavan）、迪帕克·拉奥（Deepak Rao）以及庞南巴拉姆（Ponnambalam Muthiah）。

那个时期，美国的纺织等轻工业企业受到全球化的冲击，包括零售、轻工业在内的企业迫切需要改变自身业务的经营模式，通过全球化降低成本，这就需要大量信息化基础设施的建设。在看到信息化浪潮带来的巨大机会后，在艾伦·达比埃的领导下，曼哈顿联合软件公司在 1990 年成立。

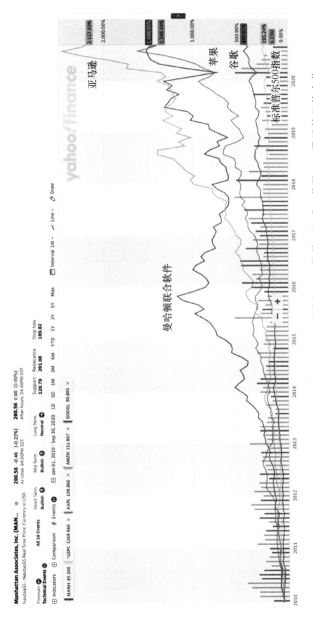

图 7-14　2010—2020 年曼哈顿联合软件、标准普尔 500 指数、谷歌、苹果、亚马逊的股价变化

表 7-5　谷歌、苹果、亚马逊、曼哈顿联合软件在谷歌搜索信息数量对比

公 司 名 称	搜索信息数量（条）
谷歌	9770000000
苹果	3220000000
亚马逊	4370000000
曼哈顿联合软件	30100000

在 20 世纪 90 年代，绝大多数的 ERP 软件公司所出售的产品大多为标准化的软件版本，单个用户的需求都需要大量的修订以及用户个性化的设置来完成，软件公司整体的利润水平相当不错，但由于客户端业务的巨大变化，管理系统功能的调整很难匹配用户业务的动态需求。

就在此时，曼哈顿联合软件公司调整了整个公司的产品线开发策略，公司产品不再试图一次性满足所有用户的所有需求，而是围绕单一用户做相关的产品开发，同时根据用户需求的变化，不断叠加附加功能，并针对行业客户做相关的业务扩张。从仓储软件起步的曼哈顿联合软件公司，现在的软件管理解决方案已经涉及零售、工业、批发以及物流等多个不同行业。

二、核心亮点

1. 重塑商业模式

公司收入在过去 10 多年主要分为三大版块：软件版权、专业服务以及硬件。其中专业服务包括了与客户沟通需求、设计产品、交付等具体工作，这里涉及购买公司标准化的软件产品服务的部

分被记入了软件版权收入，涉及硬件的部分被记入硬件销售收入。软件产品的毛利率在 90%以上，服务的毛利率在 50%左右，这些是公司利润的主要来源，而硬件收入的毛利水平较低，主要是由于用户体验的问题。

软件版权收入的提升会不断带动用户的服务需求，这也是公司持续增长的主要动力，但公司的软件销售收入在 2010 年之后逐步放缓，并且在 2012 年触及顶点（见图 7-15），公司正在逐步将软件产品的一次性销售转向通过使用 SaaS 的模式实现云订阅服务，从一次性收入转向持续性收入。这一点与 Adobe 公司在 2007 年开始的业务转型如出一辙。与 Adobe 不同的是，曼哈顿联合软件的业务中用户的个性化程度更高，要涉及更多的人力咨询服务。这也是为什么云订阅的收入增速要远高于软件销售的收入（见图 7-16）。

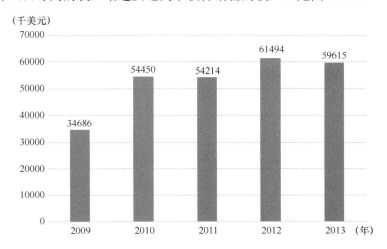

图 7-15　2009—2013 年曼哈顿联合软件的软件销售收入

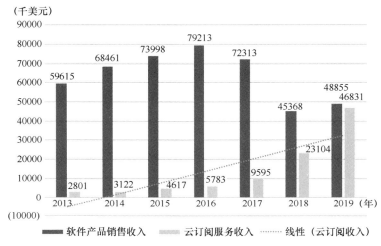

图 7-16　2013—2019 年曼哈顿联合软件云订阅服务收入与
软件产品销售收入对比

公司自 2013 年起尝试云订阅模式以来，云订阅服务的收入经过 7 年的时间，已经从很小的体量增长到与软件销售收入相当的程度。参考 Adobe 过往的发展经验，用不了几年，其云订阅的收入就会大幅超越其软件销售收入。近几年，公司改变了传统业务的披露方式，增加了 SaaS（云订阅服务）的收入类别，同时将专业服务拆分为传统软件售后服务（maintenance）和专业的咨询服务。

未来软件售后服务以及软件销售的收入都将逐步转向云订阅服务的收入。当然，公司占比最高的收入还是来自于供应链相关的专业服务，这一块占到公司总收入的近六成，但与软件及 SaaS 产品接近 90% 的高毛利率不同，专业服务的毛利率只有不到 50%。这样就使得整个公司的毛利情况看起来比其他软件公司要低不少，但是专业咨询服务占毛利的比例也不低，超过了 50%（见表 7-6）。

表 7-6　曼哈顿联合软件业务收入与毛利结构

单位：千美元

	2019 年收入	收入占比	2019 年毛利	毛利占比	2019 年毛利率
硬件销售	12517	2%	2127.89	1%	17%
专业服务	360516	58%	173047.68	53%	48%
软件维护	149230	24%	64168.9	20%	43%
软件销售	48855	8%	43969.5	14%	90%
云订阅服务	46831	8%	42147.9	13%	90%
合计	617949	100%	325461.87	100%	53%

注：合计不受小数点后四舍五入影响。

2．星辰大海，万里征程第一步

如果我们看看该公司 2017—2019 年收入与利润的变化，就会发现其收入与利润都开始走下坡路（见图 7-17 和图 7-18），公司股价也失去了前几年高速上涨的动力。但是即便如此，公司股价在过去三四年里经过一番震荡后，依然实现了增长，甚至涨了一倍（见图 7-19）。这又是为什么呢？

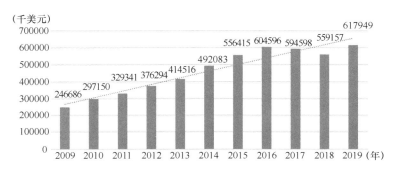

图 7-17　2009—2019 年曼哈顿联合软件的收入变化

图 7-18　2009—2019 年曼哈顿联合软件运营利润与净利润的变化

　　这是因为客户业务结构在发生变化，单纯的运营管理服务工具已经完全无法满足客户应对业务变化的需求，特别是零售客户适应电商时代的业务结构了，曼哈顿联合软件为了满足客户，适应新时代的客户需求，也开始逐渐在营销工具上进行产品开发，不再局限于简单为客户生产运营管理提升效率，而是逐步成为客户实现全业务提供综合解决方案的合作伙伴。最近两年利润的下降，最主要的原因就是公司在营销工具领域不断加大投入，而这一领域在这几年早已是资本市场的热点。

　　这两年大红大紫的 Shopify 就是最好的证明。在电商领域，Shopify 利用社交媒体的流量在营销领域帮助不少零售公司获得了新的业务增长点，不少零售品牌在传统渠道收入只有个位数增长的情况下，实现了面向消费者业务的快速增长，"线上购物+线下体验"的便捷模式背后，是对于品牌商、零售商、渠道、代理商整体业务结构的重塑。

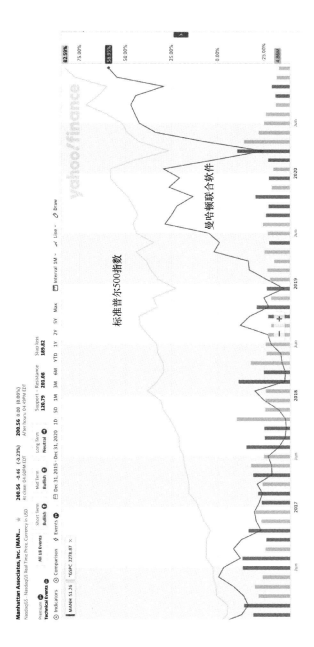

图 7-19　曼哈顿联合软件与标准普尔 500 指数股价变化（2016 年 1 月至 2020 年 12 月）

曼哈顿联合软件在 2015 年推出了商业全案技术（omni-channel commerce technology），开始根据零售企业的全业务需求设计相关的软件服务产品——ManhattanActive® Omni。公司逐步将中后端的供应链服务的王牌产品 Manhattan Order Management System（OMS）、Warehouse Management System 与新上线的全案产品（Manhattan Active）及 POS 产品进行融合，最终成为新零售业态下的信息技术解决方案的提供者。

这个行业的竞争激烈程度还在加剧。2019 年 9 月，曼哈顿联合软件未来可能最大的竞争对手 Shopify 收购 6river——一家传统库存管理软件公司。Shopify 希望通过并购的方式，从营销服务转向零售客户的全案服务。所有有长远竞争思维的公司都在加速布局围绕客户的全案服务。

曼哈顿联合软件在经过两三年的调整后，在 2019 年重新回到了增长的轨道，相比于 Shopify，曼哈顿联合软件的业务复杂度明显更高，客户的黏性更好，但 Shopify 的业务相对简单，增速更快。不同类型的商业服务软件公司都在应对新业态，谁更可能做得更好，让我们拭目以待。

三、对我国软件服务行业的一些思考

很显然，我国软件市场的竞争激烈程度比美国更高，有赞、微盟等一系列软件服务公司，包括后续借助微信生态逐步发展起来的文创产品的技术服务商，如小鹅通、千聊等信息技术服务公司，都在激烈的市场竞争中快速增长，尤其是有赞，目前在市场上已经占据了明显的先发优势，同时已经可以通过提价来改善自身产品的利润率。

此外，传统 ERP 软件公司也希望在新业态领域有所作为，其传统优势在市场竞争中的作用也在显现，资本市场也正在逐步意识到这一点。用友网络和金蝶国际在过去五六年的时间里，股价都有近 10 倍的增长（见图 7-20 和图 7-21），这反映了投资者对于公司的业务转型的期待，但最终投资者的整体长期收益还需要依靠企业的产品在市场中的表现来决定。

图 7-20　用友网络的股票价格走势（2014 年 1 月至 2020 年 11 月）

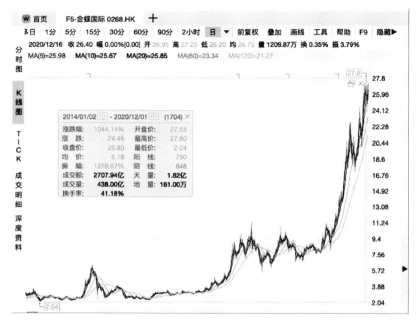

图 7-21　金蝶国际的股票价格走势（2014 年 1 月至 2020 年 11 月）

第六节　泳池公司：不起眼的行业一样有大的投资机会

如果一个行业发展空间很小，绝大多数投资者通常都会毫不犹豫放弃观察该领域，特别是对于收入增速不高、利润水平有限的公司来说，即使是知名投资者也都会嗤之以鼻。大家一定会很好奇这类业务极其无聊的公司，是如何为股东创造出高额收益的。

一、普通投资者的超额收益

1995 年上市至 2020 年的 25 年里，泳池公司（Pool）为公众股东创造了接近 600 倍的收益，这一纪录一点也不亚于沃尔玛当年 20 年 400 倍的水平。在 2011 年 1 月至 2020 年 11 月，泳池公司创造了近 16 倍（股价从 20 美元涨到 337 美元）的收益（见图 7-22）。这还尚未计入连续不断增长的分红。

更难能可贵的是，这家公司在二级市场的价格波动，几乎堪称完美，10 年时间，股价几乎年年涨，几乎没有出现大的波动，而公司自 2004 年开始付息以来，连续 16 年增长每股股息。不要忘记这期间经历了百年不遇的金融危机、加息周期，以及新冠疫情。

二、毫不起眼的关注度

错过泳池公司的不仅仅是投资机构，还有媒体。这家长期为股东创造价值的公司，一直很低调，几乎不在公众平台上发声。如果我们搜索苹果，会看到超过 1.9 亿条资讯；如果搜索比泳池公司还晚两年上市的亚马逊，会看到超过 11 亿条资讯；如果搜索 Pool Corp，只有 200 多万条资讯。

这家经营如此稳健而又低调的公司，又是如何成功的呢？我们先来看看该公司所在的行业以及其业务模式。

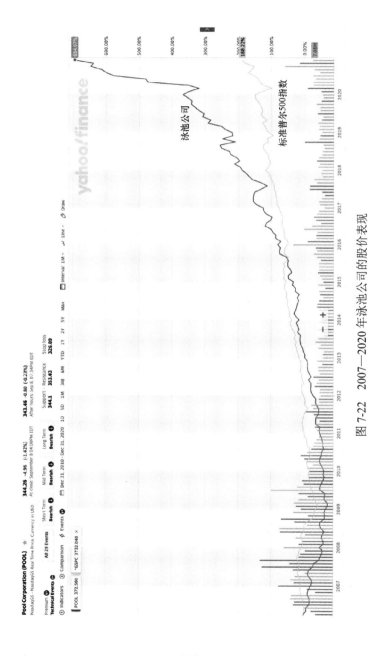

图 7-22　2007—2020 年泳池公司的股价表现

三、商业模式的确立

1. 行业特征

游泳池安装维护是一个极其细分的赛道，而且非常小众。根据官方统计。截至 2020 年 1 月，在美国大概有 1040 万户家庭装了游泳池，公共游泳池大概有 30 多万个。市场空间本身不大，而且很显然，每个终端客户的需求会非常不一样，这一类的产品也很难像一般的消费品那样品牌化，每一单的生意都会像一个小型工程。而相较于其他的大型基建工程，安装游泳池这样的事情又显得过小，以至于一个公司如果专注于安装工程，那么其很难持续性地经营生产。

所以泳池公司在商业模式的定位上回避了面向终端客户的直接销售，而是建立整个产业的标准交付体系，将个性化的销售环节交给它的客户去做，将产品的生产交给供应商来做，泳池公司通过系统建立交付体系、销售体系、推广体系来帮助客户更好地完成销售工作以及后续的维护保障工作。

从公司披露的信息上来看，也是如此。公司在 2011—2020 年，客户数从 7 万增加到了 12 万，且 12 万客户中并没有单一客户的销售额超过公司总销售额的 10%。这些客户绝大多数都来自游泳池建造商、销售泳池用品的零售商、泳池维修服务商、景观维护承包商以及大型商业客户（如酒店、大学以及社区等）；同时公司代理销售的品牌产品高达 20 万种，该公司提供的产品在行业内是最全面的，这其中包括了玻璃纤维泳池和水疗池、泳池配件、用于建设泳池的设备及材料，以及享受户外休闲相关的产品。

2. 增长策略

结合行业的特点，公司制定了三大增长策略。

第一，促进行业的增长，通过投放广告，宣传拥有游泳池的成本并不高，同时游泳池维护比较容易，而且除了游泳之外，还可以享受游泳池周边的户外生活。

第二，帮助客户更好地完成销售工作，提升黏性。公司为某些零售商的客户提供业务的协助，包括选址、店铺布局和设计、产品销售、业务管理系统的实施、全面的产品选择和高效的订货和库存管理流程，同时公司在超过 100 个销售中心设有消费者展示厅，并举办一些峰会，以使公司客户了解整个行业以及相关产品的供应情况。

第三，不断提升公司的运营效率，公司一直为客户和供应商努力提供更好的服务，并通过提升效率创造价值。一方面，公司开发的服务平台，帮助客户更有效地处理业务，从而使得公司业务流程的效率进一步提升。另一方面，公司也在持续改进销售中心和仓库，提升员工的生产效率。这两点都在公司的经营上体现得非常的突出。

公司通过利用互联网和社交媒体的传播，结合自建的 CRM 管理系统，帮助客户更好地拓展终端客户，同时更好地交付产品，并帮助客户做好相关的售后维护服务。目前公司近 70%的收入来自于售后维护的收入，相对于安装来讲，售后维护的收入显然是更加可持续的。

从 2009—2019 年，公司在收入仅仅增长一倍的情况下，公司利润增长了 11 倍，也就是说公司收入每增加 100 元，公司的净利润就会增长 13%（见表 7-7）。而且随着公司规模的不断增长，运营效率仍然有进一步提高的空间。

表 7-7　泳池公司 2009 年和 2019 年的财务数据对比

单位：百万美元

	2009 年	2019 年	增　长　率
收入	1539.8	3199.5	108%
毛利	449.7	924.9	106%
运营成本	361.3	583.7	62%
运营利润	88.4	341.2	286%
净利润	19.2	238.1	1140%
净利润率	1.2%	7.4%	497%

从公司的主要产品——建造泳池的化工材料、装饰材料、泳池清洁、过滤、加热设备与服务、泳池配件以及相关的户外休闲产品来看，公司的收入并不只是一次性的项目安装收入，而更多的是可持续性运营收入。一个游泳池建成之后，通常都可以用 8～10 年，这并不意味着公司未来收入的下降，而代表着未来持续稳定的维护管理服务收入。而未来随着安装泳池数量的增加，稳定的维护管理服务收入会进一步增加。

四、公司发展的启示

1. 公司的业务易于理解

坦白来说，泳池公司的业务并不复杂，该公司的业务几乎没有什么大的变化，收入每年维持在 5%～10% 左右的增速，运营利润维持在两位数的增速（见图 7-23 和图 7-24）。

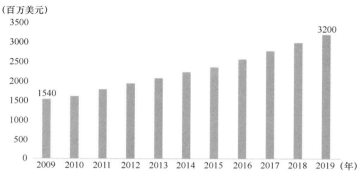

数据来源：泳池公司历年年报。

图 7-23　2009—2019 年泳池公司的营业收入

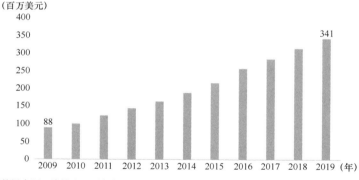

数据来源：泳池公司历年年报。

图 7-24　2009—2019 年泳池公司的营业利润

　　一个投资者完全有机会在公司上市 10 年之后关注到这样经营稳健的公司，即使在公司开始稳健地支付股息 10 年之后（2014年）买入这家公司，一样可以用 6 年左右的时间获得 3.5 倍的收益。这个收益水平与同期的苹果差不多，但远好于股票指数，甚至好于同期的腾讯（见图 7-25）。

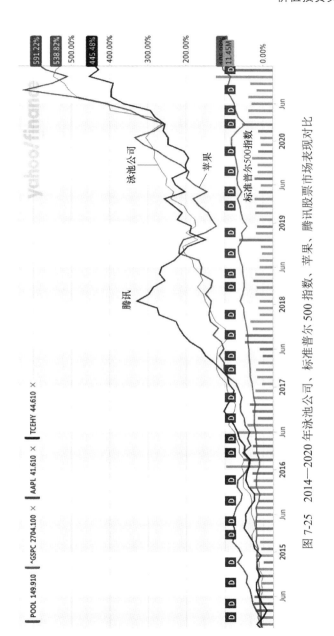

图 7-25 2014—2020 年冰池公司、标准普尔 500 指数、苹果、腾讯股票市场表现对比

2. 公司商业模式能够解决行业痛点

好的投资收益不一定源自热门行业，而是来源于公司在商业模式上通过规模化、标准化的方式解决行业痛点的问题。泳池公司应该算得上是 20 世纪就在利用互联网与信息技术解决传统行业问题的公司了，也就是我们前两年不断提到的"互联网+"这个热门话题。通过互联网传播，扩大终端市场规模，帮助客户通过信息技术手段整合供应商资源，做好项目交付以及售后服务等工作。

3. 产品能够满足客户需求

人类追求美好生活的动力一直没有变化，几十年前，汽车、房子是美国中产的标配，美国人民也在不断提升自己的生活品质，如今在自家的房子里安装游泳池，也正在一点点变得热门。尽管整个行业的增速并不算快，而且整个行业依然处于发展的起步阶段，但在美国有超过 7000 万的家庭住房是适合安装游泳池的。而且在家庭市场中，行业的渗透率仅仅不到 20%，而这还只是美国一个国家的市场。虽然泳池公司已经陆续开始在欧洲以及澳大利亚布局，但很明显，即便在公司上市近 30 年、创造了超过 600 倍的股东收益之后，这一行业依然有着巨大的发展潜力。

第七节　Intuit：如何克服巨头的围剿

一、公司背景

上个十年，是中国移动互联网迅猛发展的十年，出行、外卖、社交等领域最终的竞争格局早已确定，而这些领域的不少先行者已经成为沙滩上的先烈。在资本拼杀下，一些著名的初创公司结束了企业生命。各地小的外卖公司也最终变成了一级市场中各类资本的绞肉机，存活下来的企业无不具有巨头的影子。

似乎巨头的资本与资源总会在新的业态中给予竞争中的初创公司重大威胁。今天让我们看看 Intuit 这样一家美国的小公司如何在巨头微软数十年的围剿下成功实现突围，成为一家千亿美元市值的独角兽。

20 世纪 90 年代初，如日中天的微软，刚刚兵不血刃地将独角兽网景公司干趴下，转瞬将目光聚焦到了正在迅速崛起的 Intuit，一家面向个人与中小企业的财务软件公司。

简单的功能，广泛的用户群体，但需要依附在操作系统上生存。初看起来，Intuit 距离变成下一个网景并不算太远。1991 年微软推出自己的个人财务软件 Money，直接对标 Intuit 的主打产品 QuickBooks。1993 年，微软更是推出了 Tax Saver，对标 Intuit 的王牌产品 Turbo Tax。但经过了近 10 年的竞争，Intuit 的产品不仅没有被消灭掉，反倒是微软经过数年的烧钱和产品迭代之后，在 2000 年宣布放弃税务筹备软件 Money 的更新。

至此，Intuit 终于战胜了强敌，在往后的 20 年里一路"开挂"，从几十亿美元市值的中小型公司成长为上千亿美元市值的独角兽，公司更是在 2010—2020 年这 11 年间，为股东创造了超过 13 倍的收益（见图 7-26）。下面让我们先来简单回顾一下公司的发展历史吧。

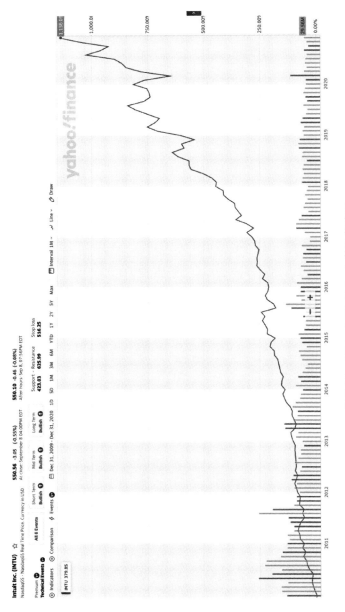

图 7-26　2010—2020 年 Intuit 的股价表现

二、公司发展历史

20 世纪 80 年代初，在旧金山一个平常的晚上，一个在银行工作的叫斯科特·库克（Scott Cook）的 IT 男，正在家里与老婆一起整理一份份寄过来的账单。他突发奇想，是不是可以通过计算机来解决烦琐的家庭与个人的财税问题？想到这里说干就干，他很快去斯坦福大学招聘程序员，在这里他遇到了公司的联合创始人汤姆·普鲁克斯（Tom Proulx）。

创业的开始并不顺利，尽管在 80 年代的硅谷，风险投资已经初具规模，但斯科特在经过数十次的路演之后，Intuit 依然没有获得任何的风险投资。绝大多数的投资者都将斯科特视为拿着 PPT 的骗子。好在公司在产品力上展现出超强的潜力。汤姆在创业之后的六周时间里，用每周 120 个小时的工作，推出了公司的第一代财务软件产品 Quicken。并在两个月的时间里，使产品的用户规模得到快速增长。

等到公司在 1993 年上市之时，Intuit 已经是个人财务软件领域的独角兽。而随着微软在 2000 年初宣布不再对个人财务软件进行更新，Intuit 在与巨头的较量中获得了全面的胜利。该公司是如何在竞争中取胜的，对于投资者和创业者又有哪些启发呢？

三、公司的核心业务

该公司目前主要有三块核心业务，分别服务于三类客户群体：

中小企业及个体户（small business & self-employed）、消费者（consumer）以及战略合作伙伴（strategic partner）。

1. 中小企业及个体户

中小企业及个体户业务的核心产品就是 QuickBooks，根据交付形式不同分为单机安装的产品收入（Product revenue）以及通过订阅模式销售的服务收入（SaaS），与 Adobe、曼哈顿联合软件等其他软件公司类似，订阅服务的收入占据了公司收入的大头。该公司中小企业及个体户产品线的收入在 2019 年超过了 40 亿美元，其中订阅服务收入占比超过 70%。

2. 消费者

在面向消费者的软件产品中，最具有影响力的就是大名鼎鼎的 Turbo Tax，几乎每一个有收入的美国人，每年都会用到这个报税软件。另外，除了 Turbo Tax，公司还向消费者提供个人财务管理软件 Mint，帮助一般消费者统计自身消费预算。做好个人财务规划。个人可以直接将自己的银行卡交易与软件进行关联，也便于相关交易信息的读取。这块业务同样也是采用产品授权销售与订阅服务两种交付形式，其中订阅服务收入近 30 亿美元，占据整个消费者业务收入的 90%。尽管 Turbo Tax 是刚需和现在业务的现金流，但 Mint 由于关联了个人的相关财务信息，其业务价值的潜力明显更加具有想象力。

3．战略合作伙伴

战略合作伙伴的产品线主要是面向专业的税务咨询服务人员以及个人财税的咨询人员的产品服务。这一块的收入占比并不算高，总计不到 5 亿美元，占总收入比例仅仅 6%（见表 7-8）。

表 7-8　2020 年 Intuit 的业务收入结构

业 务 板 块	类　　别	主 要 产 品	收入（百万美元）	增　　长	毛利率
中小企业及个体户 (Small business & self-employed)	产品	quick books	1032	0.0%	95%
		desktop software			
	服务	payroll solution	3018	21.0%	79%
		payment processing solution			
		financial supplies			
		financing for small business			
消费者 (consumer)	产品	turbo tax desktop	203	0.5%	95%
	服务	turbo online/live	2933	13.9%	79%
		turbo mint services			
战略合作伙伴 (strategic partner)	税务服务	lacerate	493	3.6%	68%
		proseries			
		profile			
		proconnect tax online			
收入总计			7679	毛利	6210

数据来源：公司年报。

四、公司发展的启发

1．不要被巨头吓倒

我们之前讲过微软，微软绝对是一家优秀的软件公司，并且产品线足够多，也有自己安身立命的操作系统业务为公司提供持续的现金流。很明显，尽管微软公司的资源很多，但是要用资源的地方也很多，那么微软的财务软件也很难会集中全公司之力来做，而当高管分心在不同产品线的同时，微软在与专注细分领域的对手竞争中就没有了优势。

2. 专注用户核心价值而非竞争对手

很明显，消费者的选择最终决定了 Intuit 公司的胜利。尽管微软利用自身操作系统的优势，可以对软件进行预装，但由于个人财务是一个相对高频，且对于消费者影响很大的事情，消费者明显在这个领域愿意为更好的产品买单，而价格并不会是一个非常敏感的因素。

3. 自身努力加些许运气取得胜利

除了 Intuit 自身的努力是成功的必要条件外，美国的软件产业生态，以及反垄断法对于微软的威慑都在一定程度上让胜利的天平倾向于 Intuit。由于劳动力成本高，且大家对于软件行业有比较明确的付费预期，这使得在 20 世纪末和 21 世纪初时，美国并没有出现像我国的外卖和出行领域商家大幅补贴的现象。如果软件免费，不花钱，还能有钱花，很难想象 Intuit 可以成为最终的胜利者。

4. 竞争环境

客观来讲，美国的软件行业的竞争性在一定程度上不如我国软件行业。如此的市场环境让国内软件市场的消费者更加受益，获得了更加物美价廉的产品和服务。无论是电商服务，还是办公软件，我国的 SaaS 服务的定价都远低于美国同类产品，而不少产品的用户体验甚至远好于美国同类产品。在竞争不那么激烈的市场，却在一定程度上保证了更加稳定与持续的股东收益，也让股东可以减少一定量的持续资本性投入。如果处于一个竞争过度激烈的市场，即便是呈快速增长的行业，有优秀的公司可以脱颖而出，但股东很可能要为激烈的竞争付出很高的代价，甚至承担很高的风险。

五、小结

Intuit 在自己的财报中揭示了其成长的秘密，该公司的战略始终以客户痴迷为出发点（At Intuit our strategy starts with customer obsession.），关注客户需求，了解客户的困难，通过科技手段有效地帮助他们解决问题，最终让客户可以不断地发展受益。关注客户需求而非竞争对手，提供物超所值的服务是 Intuit 的成功之道。

公司下一步的战略发展重点将会把 AI 技术与 Turbo Tax、Mint 以及 QuickBooks 等产品进行深度融合，为客户提供更加个性化的财务服务，将标杆的财务软件产品进一步融合成为客户更加深度关联的生态体系。已经过千亿美元市值的 Intuit 在 2020 年实现了约 78 亿美元的收入、约 18 亿美元的利润和 17%的利润增速。

很明显，Intuit 目前并不算是一家便宜的公司，但也并不贵得离谱。市场的高估值既反映出市场对于公司核心业务的信心，又反映出市场对于公司未来发展有着更多的期待。

第八节　奈飞：一人一首成名作

一、公司背景

奈飞在国内的走红，源于流媒体的崛起，特别是其自制剧《纸牌屋》在国内的热播以及《奈飞文化手册》在财经文化领域的火热。在美国巴伦周刊的 2019 年度 10 年最佳收益的评选中，奈飞是 FAANG 这个组合中唯一入选的公司，并且在评选中排名第一。

2010—2019 年，该公司为股东创造了超过 37 倍的收益。而公司在 2002 年上市至今 20 多年里，已经为股东创造了超过 500 倍的收益（见图 7-27）。也许大家会说，数字是一个奇迹，只是没有人可以持有一家公司长达 20 年。但是，事实上还真有这样的人，他就是现在还在担任奈飞公司董事的 Jay Hoag，以及他创立的 TCV（Technology Crossover Ventures）风险投资基金。

大家一定好奇：奈飞是靠什么吸引 TCV 持有奈飞股票长达 20 年的？为什么奈飞可以在 10 年为股东创造 37 倍的收益（见图 7-28）？TCV 投资奈飞的策略对于我国机构投资者有哪些值得借鉴的地方？本节将从 TCV 投资奈飞的故事以及通过公司不同阶段的不同商业模式来详解奈飞的发展史。

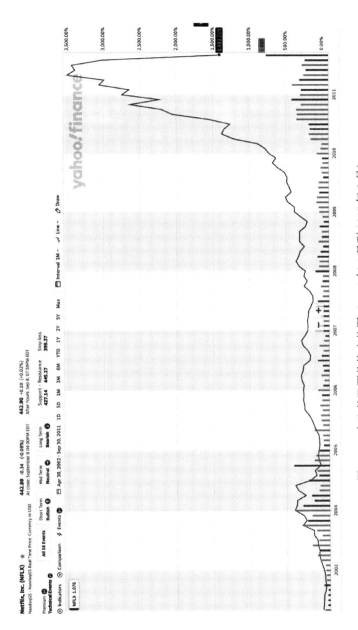

图 7-27　奈飞的股票价格走势图（2002 年 5 月到 2011 年 9 月）

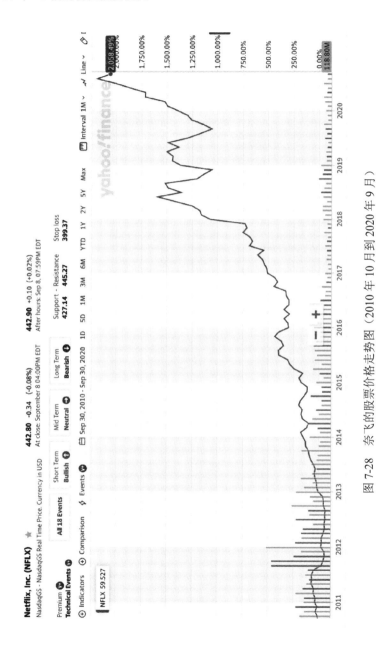

图 7-28　奈飞的股票价格走势图（2010 年 10 月到 2020 年 9 月）

二、商业模式的重塑：8 年投资 1.35 亿美元

奈飞的诞生，伴随着 DVD 技术替代传统录像的大潮，TCV 在 1999 年投资了早期的奈飞，奈飞是第一家尝试用按月服务做订阅租赁替代传统按照次数收费的影片租赁公司。这也为后续软件行业的订阅浪潮提供了启发。而当时垄断影片租赁市场的 Blockbuster 则到 2006 年才开始尝试用月度租赁的模式。

2000 年初，互联网泡沫破灭，尚在加大投入阶段的奈飞，尽管看到用户、经营数据的好转，但无奈资本市场已经转凉。所有的投资者从极度乐观转向极度悲观，在这个时候，Jay 领导的 TCV 再次拿出 5000 万美元的救命钱投资给了已经资金断链的奈飞。

在回顾这次投资的时候，Jay 表示，尽管市场转凉，但当你将注意力放在公司的经营上时，你会发现，奈飞无论从用户增长，还是成本控制上来看，都已经极其接近盈亏平衡，而爆炸性增长的到来并不会太远。2000 年的这次投资，看起来风险无限，但事实上风险却是极为有限的。

有了救命的钱，奈飞顺利在 2002 年 IPO，而公司的经营状况也再次转好，在 2003 年首次实现年度盈利，这时 TCV 不仅没有卖出奈飞的股票，反而成了公司 IPO 的基石投资者，打新投资了 570 万美元。在 2006 年的时候，TCV 做出了 2010 年之前投资奈飞以来最大的一笔投资，斥资 7500 万美元在二级市场买入奈飞的股票。

那么持有了奈飞那么久的 TCV 为什么会在 2006 年还选择继续重仓买入奈飞呢？这主要是基于公司商业模式成型后，带来的现金流的持续快速增长。公司自由现金流在 2006 年同比增长近 3 倍，并且在 2007—2011 年保持了快速的增长（见图 7-29）。

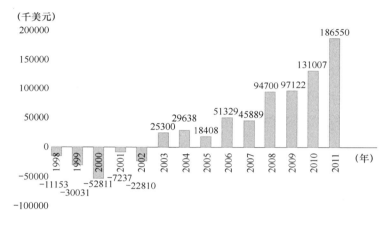

图 7-29　1998—2011 年奈飞的自由现金流情况

TCV 赌了那么久公司商业模式的创新，怎么会在公司收麦子的时候着急退出呢？所以当确定性增强的时候，加码投资才是一个价值投资者该干的事情，这么看，TCV 的投资策略并没有什么奇怪的地方。到了 2011 年中，TCV 卖掉了市值近百亿美元的奈飞公司所有股票，在 10 多年的时间里前后投入的 1.35 亿美元获得了数十倍的收益。

三、出售高速增长的公司，为什么

为什么 TCV 会在 2011 年精准减持奈飞，并且还是在公司业务高速发展的阶段，这与 TCV 在 2006 年大举投资奈飞的逻辑不相符啊？而为什么又会在 2011 年底再次投资奈飞呢？

细心的你可能会观察到，上一张图中 2007 年公司的自由现金流有所下降，与后面几年的趋势形成了对比，这主要是由于奈飞在 2007 年推出了自己的流媒体平台，加大了资本性开支，而在2006—2011 年这六年里，公司的推广策略都是捆绑 DVD 租赁与流媒体的业务同时完成的。

而在 2006 年谷歌收购了刚刚成立了一年的 YouTube，而亚马逊也已经在同期在电视点播系统上加大投入。到了 2010 年，随着4G 技术的成熟、iPad 的推出，流媒体转变传统内容发行方式的趋势已经不可改变，继续捆绑着 DVD 租赁业务、缺乏原创内容的奈飞尽管还可以在短期享受 DVD 租赁业务快速增长的红利，但如果不做颠覆性的转型，公司的运营瓶颈已经显现。2011 年，将全部奈飞的股票出售，TCV 看似卖早了，但本质上还是坚持了自己对于公司判断的逻辑。

四、押注流媒体，大公司二次创业的天使投资人

2011 年底，奈飞公司宣布将流媒体业务与 DVD 业务剥离，这意味着用户如果要使用 DVD 租赁业务，同时还要使用流媒体，用户需要同时缴纳两份的订阅费用。这一变化引发了市场剧烈的反应，涨价后的奈飞用户流失超过 80 万。公司一方面在砍掉自己挣钱的业务，另一方面要加大资本开支投入流媒体业务，短视的华尔街不干了，公司在 2011 年第四季度短期股价大跌近 40%（见图 7-30）。

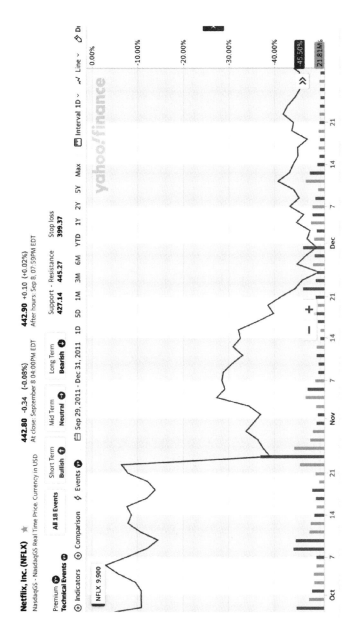

图 7-30 2011 年第四季度奈飞的股价表现

　　流媒体业务一直相当烧钱，特别是对于没有任何内容创作经验的奈飞来说，自己开始投资做原创内容无异于二次创业。TCV在公司股价暴跌过后，领投了公司 2 亿美元的定向增发。

　　从《纸牌屋》初露峥嵘到 10 年之后在好莱坞拿奖拿到手软，奈飞在流媒体内容上的投入不仅仅是大胆的，而且是极其有效率的。而传统内容的王者迪士尼则在 7 年之后，全面模仿奈飞的模式，重组组织架构，这也标志着流媒体时代的全面到来，而奈飞已经成为这个领域的领跑者。对于那个 10 年前投资奈飞二次创业的投资者来讲，这又是一次 8 年高达 20 多倍的收益（见图 7-31）。

五、TCV 投资奈飞带来的一些思考

1．保持耐心并坚守投资纪律

　　投资不应该只关注单一的因素，例如区分一二级市场的投资、公司财务上是否赚钱等。从长期来看，保持耐心以及投资的纪律性是极其重要的。尽管有时候这种纪律性会让一些机构投资者错失一些投资机会，但大多数情况是由于这样的投资机会超出了其认知范畴，导致无法做出有效决策。但更重要的是，坚守投资纪律的机构或个人投资者，长期看是不会亏钱的。

2．遵循基本商业逻辑，关注企业长期成长

　　在国内投资圈盛行对赌模式的今天，投资机构在对赌协议中经常会设置一些忽略掉最基本商业逻辑的条款，这会使得公司

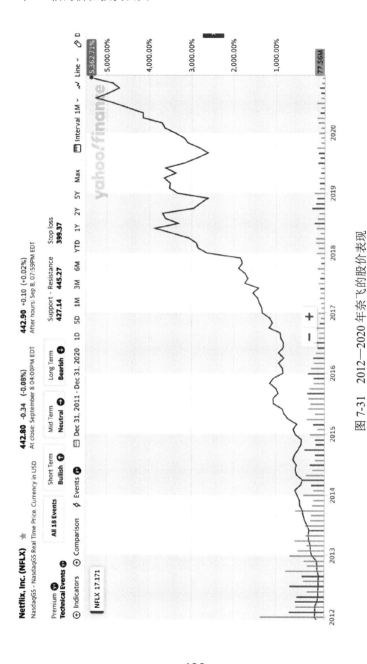

图 7-31　2012—2020 年奈飞的股价表现

在经营上存在很大的压力，而管理者为了达成对赌协议中设定的目标，在制定战略及经营的重要决策上可能出现动作变形，使得整个公司的业务背离了设立之初的发展方向和使命愿景。过早的商业化决策会使得公司无论在产品维度还是客户维度都存在生命周期过短的问题，从而进一步导致公司陷入经营陷阱，最终让投资者蒙受巨额损失。

一个好的投资者，应当对企业要做的事情以及企业经营者有充分的信任，并且心甘情愿地与经营者一起承担风险，投资者承担资金的风险，而创始人也需要尽职尽责，对得起出资人的这份信任，Jay Hoag 操盘的 TCV 和里德·哈斯廷斯（Reed Hastings）创办的奈飞为我们上了完美的一课。

第九节　腾讯：人类投资奇迹背后的常识

一、为什么是腾讯

南非报业（Naspers）投资腾讯的奇迹，是投资界复盘的佳话，但投资并不能简单地看倒车镜。我们需要走回历史当中，去细细体会南非报业投资团队背后的大智慧，以及腾讯团队如何在险象环生之中成为一代互联网巨头背后的商业常识，去理解如何成为"躺赢"的长期国际股东，以及如何通过资本市场构建员工、股东、社会共赢的机制。

20 世纪末，信息技术革命已经从美国开始向全球迅速蔓延。在南非，库斯·贝克从纽约哥伦比亚大学毕业后返回南非，在付费电视领域取得重大的成功之后，于 1997 年成为了非洲最大的传媒集团——南非报业的 CEO。与传统媒体的做法不同，南非报业的互联网业务是其投资部门独立运营的。

南非报业的投资部门不仅仅承担着运营新媒体和投资的职能，还承担着公司国际化发展的使命。在其 1997 年进入中国市场之后，南非报业一开始选择与具有浓厚官方背景的中国青年报合作投资脉搏网。刚开始的几年时间里，新浪、网易、搜狐等门户网络的上市，让中国迎来了第一波如火如荼的互联网浪潮。但南非报业在国内的若干互联网投资并没有取得特别好的成绩。

转折点发生在互联网泡沫破灭的 2001 年，南非报业中国区负责人网大为无意间发现了南非报业一生的真爱——腾讯。故事开始于 2001 年互联网泡沫的彻底破裂，投资科技公司的资金从一年前的天之骄子，变成了人人嫌弃的"傻子"。

在二级市场上，全球都在演绎着同样的剧本，业务上迅猛发展的亚马逊，在二级市场上已经跌去了超过 85%。美国知名投资机构 IDG 与李泽楷的盈科数码在 1999 年末互联网热潮时期投资的腾讯，到了 2001 年成了恐慌的一级市场上为数不多还有出售机会的资产。南非报业为腾讯给出了超过 6000 万美元的估值报价，这一报价使得 IDG 与盈科数码在一级股权市场上的收益，在一年多的时间里翻了 10 倍，而同期的亚马逊在美国二级市场的收益则是亏损近 90%（见图 7-32）。

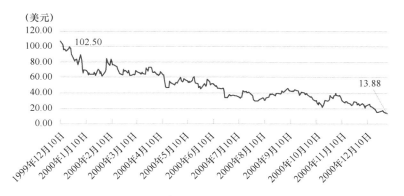

图 7-32　亚马逊的股价表现（1999 年 12 月至 2000 年 12 月）

根据腾讯 2004 年的财报数据，在 2001 年仅仅实现了不到 5000 万元的收入以及 1000 万元的利润，而对应 6000 万美元的估值，大致相当于超过 40 倍的市盈率和 8 倍的市销率。

在后续一年多的时间里，南非报业通过 IDG 与盈科数码的股份成了腾讯公司最大的股东。但为了获得管理层的信任，南非报业不仅将自身股份的投票权交给了马化腾，而且还为腾讯制订了详尽的长期激励计划。这种长期的激励机制，使得腾讯在激烈的行业竞争中，可以从更加长远的角度看待公司的发展，让公司在不断的进化中保持了鲜活的生命力。更重要的是，让财务投资者，长期处在"躺赢"之中。接下来，我们从公司的业务进化、长期激励，以及长期股东收益三个角度来看看腾讯过去近 20 年的发展奇迹背后的商业常识。

二、公司业务发展的进化

芒格将商业活动的发展比作生物学，认为商业社会就像达尔

文提出的生物进化论一样，物竞天择，适者生存。而在这样竞争
激烈的商业社会中，腾讯就是那个在不断自我进化的商业生物。
自 2004 年上市以来，腾讯保持了极其稳定的业务收入与利润的高
速增长，公司的营业收入基本保持了高速的增长，收入的增速几
乎没有低于过 20%（见图 7-33）。更令人感到惊叹的是，公司的主
营业务几乎每隔几年都在发生着天翻地覆的变化。

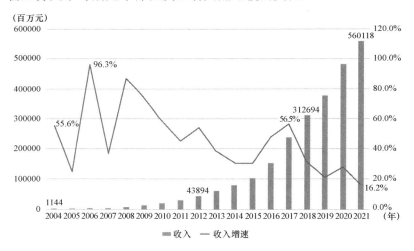

图 7-33　腾讯营业收入与营业收入增速的变化

在 2004 年，伴随着中国移动业务的快速发展，腾讯公司终于扭
转了自身用户规模无法商业化的问题，移动电信增值业务占据了公
司的主要业务收入近六成，同时保持了极高的业务增速（见表 7-9）。

当中国移动推出自己的社交软件飞信，并将当时最大的移动
电信增值服务商腾讯从合作伙伴转变为竞争对手之时，腾讯面临
的不仅仅是收入下滑的危机，更可能是刚刚实现的商业模式，瞬

间就可能难以为继了。而作为依然处于发展期的互联网增值业务，尽管业务增速很快，但腾讯也同样面临着与当年几大门户网站的激烈竞争。

表 7-9　2004 年腾讯的营业收入结构

	业　　务	收入（百万元）	占总收入比	增速（同比）
1	互联网增值服务	439	38.37%	91.10%
2	移动电信增值服务	641	56.03%	37.20%
3	网络广告	55	4.81%	66.90%
4	其他	9	0.79%	68.10%
	合计	1144	100%	55.60%

面对着重要收入来源开始出现巨大的不确定性，资本市场出现了正常且严重的恐慌。在 IPO 超额认购，以及短期快速上涨之后，腾讯在上市头半年里，股价出现了大幅度的回撤。直到 2004 年依旧保持了超过 50% 的业务收入时，市场才逐步放下心来。在 2005 年初，腾讯股价创下了历史新高（见图 7-34）。

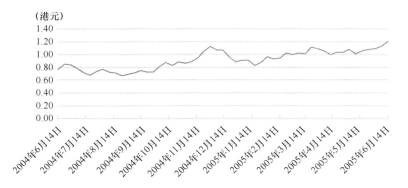

图 7-34　腾讯上市后首年的股价表现（2004 年 6 月至 2005 年 6 月）

到了 2008 年，随着 3G 网络的建设，移动互联网逐步进入百姓的生活，而腾讯的核心业务也逐步摆脱了对于移动的依赖。尽管相对于 2004 年移动电信增值业务依然实现了 73.20% 的增长，但收入占比已经从近 60% 下降到不足 20%（见表 7-10）。

表 7-10　2008 年腾讯的营业收入结构

	业　　务	收入（百万元）	占总收入比	增速（同比）
1	互联网增值服务	4915	68.69%	95.50%
2	移动电信增值服务	1399	19.55%	73.20%
3	网络广告	826	11.54%	67.50%
4	其他	15	0.21%	122.60%
	合计	7155	100%	94.20%

随着宽带的普及以及社交类轻度游戏的兴起，腾讯在互联网增值服务领域实现了不到 5 年超过 10 倍的增长。而互联网增值业务，也成了公司增速最快且占比最高的业务板块。买腾讯赚大钱的秘密，开始在香港资本市场普遍传开。即便是百年不遇的金融危机也不能阻止腾讯持续地高歌猛进，2005 年中到 2010 年中，腾讯的股价上涨了近 30 倍，成了名副其实的香港股王（见图 7-35）。

如果说 2008 年，腾讯在与传统运营商与门户网站的竞争中完胜的话，那么胜利的钟声敲响不久，伴随着百年不遇的金融危机与科技革命，腾讯又开始迎来了移动互联网的战役。

随着 4G 技术的应用以及智能手机的普及，腾讯的原王牌流量产品 QQ，正在受到用户向移动端迁移的挑战。米聊、微博等新一代社交产品，无一不想挑战腾讯社交霸主的地位。与此同时，

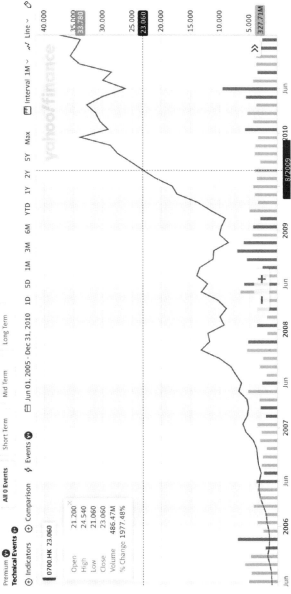

图 7-35　腾讯的股价表现（2005 年 6 月至 2010 年 6 月）

腾讯依托流量，重点发力游戏业务的发展战略还在快速地拓展当中，但腾讯并没有故步自封，而是通过内部竞争的方式，让新一代的社交产品——微信脱颖而出。

到了 2012 年，公司互联网增值服务的收入已经达到了近 320 亿元，相对于 2004 年，上涨了约 70 倍，中国巨大的人口红利与新中产的崛起，正在加倍滋润着腾讯业务的快速发展。而腾讯，也异常迅速地快速摆脱对于传统社交软件 QQ 的依赖。依托微信而形成的移动社交生态建设，在短短一两年的时间就再次主导了中国移动互联网的生态。

作为一家大公司，能迈出如此快速且稳健的转型步伐，令人赞叹，也让中国出现了千亿美元市值的互联网公司。而上市不到 10 年的时间，原来公司上市时的主营业务移动电信增值业务，收入占比已经不到 10%，并且处于了可有可无的状态，网络游戏此时逐步成为公司最为重要的收入来源。腾讯也成了互联网界无孔不入的存在，电商业务也在此时进入到公司的主营业务领域，收入占比为 10%（见表 7-11）。

表 7-11　2012 年腾讯的营业收入结构

	业　务	收入（百万元）	占总收入比	增速（同比）
1	互联网增值服务	31995	72.89%	38.90%
1.1	网络游戏	22849	52.05%	44.00%
1.2	QQ 游戏平台，开放社区	9146	20.84%	27.00%
2	移动电信增值服务	3723	8.48%	13.80%
3	网络广告	3382	7.70%	69.80%

（续）

	业　务	收入（百万元）	占总收入比	增速（同比）
4	其他	365	0.83%	92.10%
5	电商	4428	10.09%	NA
	合计	43894	100%	54.00%

　　然而无所不作的腾讯，并非无所不能。腾讯涉猎电商业务没有多久，就发现电商是自己力所不能及的业务。在高瓴的撮合下，腾讯的电商业务板块与京东进行了全面的合并，并且在后续一直沿用了以流量作为核心能力做赋能输出，陆续投资了京东、拼多多、唯品会等电商平台。

　　到了2016年，电商业务已经变成了腾讯的非主营业务，被放入投资业务，一起被列入了其他业务收入。腾讯开始学习南非报业，做起了长期投资。与此同时，广告业务也开始逐步发生巨大的变化，早期的以品牌传统广告为主的展示广告业务收入增速逐步放缓，甚至开始下滑，而依托微信、QQ 等拥有巨大流量 App 的效果广告开始逐步成为公司增长最为迅速的主营业务。尚未成熟的金融科技业务和云业务，则与投资业务一起被放到了其他业务里面（见表 7-12）。

表 7-12　2016 年腾讯的营业收入结构

业　务	收入（百万元）	占总收入比	增速（同比）
互联网增值服务	107810	70.96%	33.60%
网络游戏	70844	46.63%	25.00%
数字服务内容，虚拟道具销售	36966	24.33%	54.00%
移动电信增值服务	0	0	0

（续）

业　务	收入（百万元）	占总收入比	增速（同比）
网络广告	26970	17.75%	54.40%
效果广告	15765	10.38%	81.00%
品牌传统广告	11205	7.37%	28.00%
其他	17158	11.29%	263.10%
合计	151938	100%	47.70%

差不多 10 年的时间，上市之初的移动电信增值业务，已经完全从腾讯的主营业务中消失。从腾讯的业务进化的过程中想必大家完全可以看到，对于科技行业来讲，不进则退，适者生存。一个长青的科技公司，想要保持领先地位，绝对不是一件轻而易举的事情。

2018 年以来，早已是互联网界巨无霸的腾讯，自身的发展也越来越多地受到行业调控的影响。游戏版号停发、教育行业的"双减"以及对于互联网的反垄断等因素，使得腾讯放慢了发展的脚步。但依托着网络游戏、广告，以及金融科技和云业务等核心业务的发展，腾讯已经成为信息革命时代中国的世界级企业的代表。公司业务收入从上市之初的 10 亿元，增长到 2020 年的近 5000 亿元，而净利润也从 4 亿多元增长到近 1600 亿元，增长达到了 357 倍（见表 7-13）。

南非报业在 2018 年之前没有对腾讯做出任何减持的行为，即便到了现在，其持股比例依然接近 30%。作为持股比管理层更为坚持的国外投资人，当年 2000 万美元的投入，经过了 20 年的时间，在持股期间收到了约 170 亿元的分红。同时，按照南非报业目前持有近 1400 亿美元腾讯公司的股票计算，市值增值近 7000 倍。

表 7-13　2004—2020 年腾讯的财务数据与资本配置情况

单位：百万元

	2004 年	2020 年	2004—2020 年累计	
收入	1144	482064	累计收入	1924799
净利润	447	159847	累计净利润	555090
流通股数量（复权）（股）	8824522050	9593912711	增发股本（股）	769390661
公司分红	132	12503	累计分红金额	56439
股票回购金额	0	0	累计股票回购	5526

数据来源：公司年报。

　　这绝对是人类投资历史上的奇迹。但我们不禁想要问，为什么如此卓越的管理团队，愿意为身处境外的南非股东，心甘情愿地付出，而南非的股东又有哪些过人之处？要知道在南非报业持股的 20 年里，腾讯经历了 2008 年金融危机时股价高达 90% 的回撤，而自高点的回撤低于 20% 的年份仅仅只有 3 年（2012 年、2013 年和 2016 年）。让我们先从南非报业为腾讯上市之前制订的激励计划讲起吧。

三、长期激励：让管理层与团队的目光更加长远

　　腾讯在每次产业变革中的行动力，都让人感到赞叹。它可以迅速地将资源集中在面向未来的新业务上，而非将资源集中在当下利润最大的部分，这与大部分企业在经营过程中将注意力过度聚焦在

当下的主营业务形成了鲜明的对比。从移动电信增值业务的转型，到微信的诞生，以及游戏业务的孵化都体现出在竞争激烈且变化无常的信息产业，腾讯管理层持续保持高瞻远瞩的警惕性。

作为股东，不论是二级市场的中小投资者，还是南非报业在对腾讯公司的日常经营过程中，几乎没有什么业务的干涉能力，南非报业甚至在腾讯上市之前，就将股东的投票权给予了以马化腾为首的管理层，仅仅保留收益权。管理层又为什么会在放弃短期利益的同时，安心为那些对自己毫无控制的股东，踏踏实实地在竞争激烈的科技领域做好"守门人"的工作呢？腾讯借助资本市场，完善权益相关的长期激励，起到了非常重要的作用。在这里我们先搞明白什么是限制性股票与期权。

在美国资本市场上，对管理层及企业经营者的长期激励形式，往往以期权或者限制性股票的方式向管理层及不同级别的员工进行发放。通常来讲，层级越高，期权与限制性股权的长期激励占薪酬的比例也就越高。那么什么是限制性股票，什么又是限制性期权呢？它们在使用的过程中，又有哪些特点呢？我们在这里简单梳理一下。

1. 限制性股票

通常来讲，公司为了让管理层更好地考虑公司的长期发展，就会将薪酬的一部分改为发放限制性股票。比如，对于一个中高层管理者来说，100 万元的年薪里面，可能会有 40 万元是公司的限制性股票。如果现在公司的股价是 400 元/股，这意味着该员工薪酬里面含有了 1000 股公司的股票。但是这 1000 股，并不是当期可以拿到且出售。而是有可能要分成三五年，逐年拿到。如果未来公司股价超过 400 元，那么员工可以拿到更多的钱，如果低于 400 元，则可能拿到更少的钱。而未来的收益多少主要由公司股票价格在资本市场的表现决定。

限制性股票反映到公司的成本里面，通常都是按照授予时候的价格来进行决定的。比如，当下腾讯公司的股票价格是 400 港元/股，对一个员工发放 1000 股的限制性股票，从财务上看，就是有了 40 万（1000×400）港元的费用，这只是在公司账面上，没有实际的现金的流出，公司的流通股有所增加，原有股东面临一定比例的股权稀释。

2．期权

期权是另外一种长期激励方式。与限制性股票不同，期权只是一种权利，期权给予了员工在未来某个时间阶段之前，可以按照某种固定的价格来购买公司股票的权利。

比如，A 公司在 2020 年 1 月 23 日的股票价格是 400 元/股，1 月 23 日当天，公司向某管理者发放 1000 股 1 年限售 10 年期的期权激励，意味着管理者可以在 2021 年 1 月 23 日到 2030 年 1 月 22 日之前的任何时间段里，按照 400 元/股的价格，购买 1000 股公司的股票。

如果在可行权期间（2021 年 1 月 23 日至 2030 年 1 月 22 日）公司的股票价格都是下跌的，低于 400 元/股，那么这样的权利就是废纸，相当于管理层拿不到任何的现金，同时原股东也完全不被股权稀释。当然这样的权利，也是有对应价格的。

期权价格的计算往往比较复杂，它和行权价相对市场价格的关系，授予期权时的利率水平，以及行权的时间间隔都有关系。这里我们拿典型的 10 年期的期权来举例，比如当 A 公司股价为 400 元/股时，授予 10 年期期权，行权价为 400 元/股，则每份的期权价格大约为 160 元。

3. 如何做好长期激励

尽管限制性股票与期权都有明确当期的对价，但对于被授予对象来说，收益都是高度不确定的，而且与公司股票在资本市场的表现高度相关。但与限制性股票相比，期权的杠杆属性更大，并且收益具有更高程度的不确定性。

如表 7-14 所示，如果公司股票价格现在为 400 元/股，公司要向某管理层员工发放价值 3.2 万元的长期激励，则可以发放 80 股的限制性股票（32000 元÷400 元/股 = 80 股），或者是 200 股行权价为 400 元/股的 10 年期股票期权。也就是说，同样价值的激励，授予方式不同，股份数量上差了 1 倍以上。我们根据股票价值未来的变化的不同来对比一下限制性股票、期权和现金奖励之间的差异。

表 7-14　限制性股票、期权和现金奖励在不同市场价格下的对比

奖励方式	限制性股票	期　权	现金奖励
授予时价值	32000 元	32000 元	32000 元
数量	80 股	200 股	0
行权时不同股价对应长期激励价值的对比			
行权时股价	价　值		
400 元/股	32000 元	0 元	32000 元
	80 股×400 元/股=32000 元	200 股×(400-400)=0 元	
300 元/股	24000 元	0 元	32000 元
	80 股×300 元/股=24000 元	当股价<400 元/股	
560 元/股	44800 元	32000 元	32000 元
	80 股×560 元/股=44800 元	200×(560-400)元/股=32000 元	
667 元/股	53360 元	53400 元	32000 元
	80 股×667 元/股=53360 元	200×(667-400)元/股=53400 元	
4000 元/股	320000 元	720000 元	32000 元
	80 股×4000=320000 元	200×(4000-400)=720000 元	

如表 7-14 所示，当未来公司股价高过授予时期的 400 元时，对于授予对象来讲，获得限制性股票的收益就好于拿现金激励。期权的价值则取决于股价相对于行权价高出的程度，如果公司股价上涨幅度超过 40%（560÷400 - 1 = 40%）则授予对象拿到的对价与授予时现金激励价值相当。当公司股价上涨超过 67% 时，才比拿限制性股票划算。而如果授予对象在行权时，公司完成了 10 倍的股东收益，则其期权的价值将增值超过 20 倍（720000÷32000 = 22.5）！当公司长期增长有着巨大潜力与挑战的时候，期权的激励往往在物质上对于管理层有着巨大的长期刺激。如果行权时，公司股价低于 400 元，期权的价值就完全归零了。对于限制性股票来

说，其价值虽然说没有归零，但也小于授予时期的现金激励。

美国大多数传统行业中公司，更倾向于用限制性股票来做激励，而科技类公司则会结合期权与限制性股票一起来做相关的长期激励。尽管这样的方式在 A 股还并没有常态化，但是回顾腾讯的发展，我们会发现，这种合理的激励方式，让腾讯在行业快速的变化中迅速转型、不迷恋眼前利益起到了很大的作用。

四、投资腾讯成功背后的思考

1. 限制性股票和期权激励方式的变化

根据 2004 年腾讯公司年报中披露的信息，在上市之前，公司尚未行权的期权数量超过 6000 万股，占到了总股本的 4%。而对应的平均行权价格约为 0.0497 美分。由此可倒推出，在上市之前，腾讯所采用的激励计划中，几乎 100%都是用的期权激励，且平均的行权价对应公司的市值大约是 7500 万美元，略高于 2001 年时，南非报业对腾讯开出的 6000 万美元（见图 7-36）。

考虑到部分员工的期权在上市之前已经行权，在上市之前腾讯实际发放的期权数量应该是超过总股本的 10%。这种激进的长期激励方式，让腾讯在上市之后的 10 年内，不断快速有效地调整自己的战略发展方向，不断用自身的新业务颠覆之前的主营业务。而随着微信最先拿到移动互联网的门票，公司的业务也逐步进入到了平稳发展的新阶段，而腾讯的激励方式也在发生着变化。

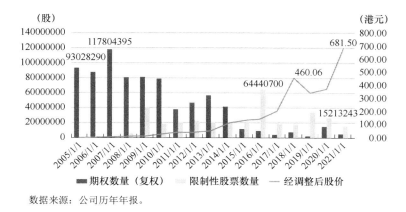

数据来源：公司历年年报。

图 7-36　2005—2021 年腾讯限制性股票和期权数量的对比

2008 年，腾讯上市的第四个年头，在赢得对中国移动飞信业务的胜利之后，尽管期权依旧是长期激励的主要方式，但腾讯已经开始尝试用增加限制性股票的方式来进行长期激励。到了 2015 年，在取得移动互联网时代的绝对竞争优势后，腾讯的长期激励方式也发生了重大的改变，限制性股票的数量开始逐步超过期权的数量，逐步变成公司长期激励的主要模式（见图 7-37）。

尽管腾讯长期激励的股票与期权的数量比例，以及长期激励占总股本的比例都在逐年下降，但随着股票价格的上涨、市值的提升，激励的当期价值也是在同步提升的。对于后续被激励到的人员，尽管激励的成本提高了不少，但其工作的起点也是站在了前人的工作积累之上。这种长期面向未来的激励方式，也是腾讯公司长期能够不断取得成功的重要基础。

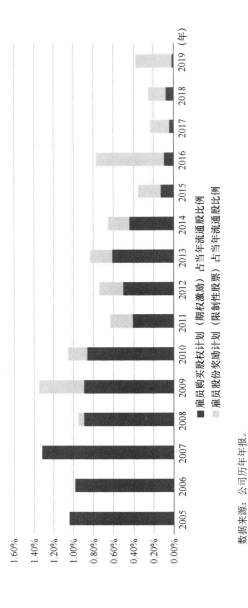

数据来源：公司历年年报。

图 7-37　2005—2019 年腾讯限制性股票和期权激励数量占流通股比例

借助资本市场对企业的长期定价能力，来激发核心人员的动能，挖掘公司长期价值的潜力，同时采用合理的长期激励方式，让核心人员忽略短期资本市场的巨大波动，聚焦企业发展的长期价值。毫无疑问，这种公司治理的方式，对腾讯过去 20 年的成功起到了非常重要的作用。

2．抵御短期巨大的诱惑，成就经典，让自身进化

除了合理的公司治理机制让腾讯公司取得了长期发展的奇迹外，南非报业作为长期股东获得的巨大成功，同样来自于对于业务的无为而治，以及面对巨大短期诱惑时，抵御诱惑的能力。

从腾讯 2004 年 6 月上市到 2021 年，腾讯每一年的股票价格波动都是巨大的，期间甚至不乏一些大幅的波动。2007 年第四季度到 2009 年中，腾讯股价一度回撤近 90%（见表 7-15）。但从 2021 年来看，即便是 2007—2009 年的最高价，放到现在依然有超过 10 倍的股东收益（见表 7-16）。这种持续的持股过程，显然不是忘记了交易密码那样简单。

表 7-15　2004—2021 年腾讯经历八次股价超过 20%以上的回撤

编　号	最高价时间	最低价时间	最大回撤比例
1	2004/12/3	2005/1/21	33%
2	2007/10/30	2008/3/20	53%
3	2007/10/30	2009/7/7	88%
4	2009/12/31	2010/6/18	27%
5	2011/4/27	2011/11/29	39%
6	2015/4/13	2016/2/12	23%
7	2018/1/29	2018/10/30	47%
8	2021/2/18	2021/8/20	47%

表 7-16　2004—2021 年腾讯历年股价（复权）的高点与低点

年　　份	最高价（港元）	最高价时间	最低价（港元）	最低价时间
2004 年	1.27	2004/12/3	0.68	2004/7/26
2005 年	1.94	2005/10/3	0.86	2005/1/21
2006 年	5.55	2006/12/29	1.67	2006/1/3
2007 年	14.56	2007/10/30	4.70	2007/4/19
2008 年	14.41	2008/6/4	6.80	2008/3/20
2009 年	33.20	2009/12/31	1.75	2009/7/7
2010 年	38.60	2010/10/14	24.08	2010/6/18
2011 年	46.16	2011/4/27	27.96	2011/11/29
2012 年	56.20	2012/11/2	30.06	2012/1/9
2013 年	100.40	2013/12/31	47.40	2013/4/5
2014 年	134.90	2014/11/17	93.00	2014/5/9
2015 年	171.00	2015/4/13	111.30	2015/1/2
2016 年	220.80	2016/9/23	132.10	2016/2/12
2017 年	439.60	2017/11/21	188.00	2017/1/3
2018 年	476.60	2018/1/29	251.40	2018/10/30
2019 年	400.40	2019/4/11	300.40	2019/1/4
2020 年	633.00	2020/11/9	325.20	2020/3/19
2021 年	775.50	2021/2/18	412.20	2021/8/20

数据来源：雅虎金融。

　　2008 年，时任南非报业 CEO 的贝克，直接告诉彭博社的记者："25 亿美元就可以买下纽约时报，来增加南非报业的影响力。南非报业有这个实力，但是对它毫无兴趣。我们将继续持有腾讯，然后在新兴行业里继续寻找好的投资机会。"对于美国传统媒体可能带来的影响力，贝克在 2008 年毫不客气地表示，传统的纸媒终将面临死亡。

3. 投资与并购的秘密

腾讯的持续成功，除了不断开拓主营业务外，腾讯独特的投资与并购方式，也同样起到了至关重要的作用。腾讯的投资方式主要分为三种。

第一种，主要是围绕其核心护城河——社交媒体所产生的流量价值在其他产业的发展应用。

第二种，主要是围绕腾讯核心现金流——游戏业务展开的相关投资。

第三种，主要是针对并购对象中具有潜力的人才来进行的投资并购。

4. 核心护城河的价值延伸

对腾讯公司来讲，其核心的护城河并非某项独特的业务，而是用户具有高度黏性的社交软件所带来的互联网流量。而这种流量对于其他行业中的企业的发展，可以说在早期会起到非常重要的作用。

京东在早期与阿里巴巴的竞争中一直处在劣势，而空有流量的腾讯却缺乏零售行业应该有的超强的执行力。而将流量应该有的广告价值换成合作方的长期股权价值，使得腾讯将自己核心软件产品所带来的流量更好地进行了商业化。

与传统投资机构不同，腾讯投资所能带来的资源远不仅仅是资金。比如电商领域，不论是京东、拼多多，还是后续发展起来的唯品会，都借助微信的流量，在不同阶段取得了快速的发展，而腾讯也无不例外地成了这些公司最为主要的外部股东。尽管腾讯受到自身因素的限制，无法独立在零售领域获得一席之地，但它借助资本的纽带，成功地拓展了自己的商业版图。

按照同样的逻辑，电动汽车领域的蔚来汽车，搜索领域的搜狗，娱乐领域的 B 站、虎牙、斗鱼，金融领域的中金公司、众安保险，微信企业软件服务商微盟、有赞，本地生活领域的美团等诸多围绕移动互联网生长出来的企业背后都有着腾讯的影子。

马化腾曾经表示，腾讯将自己的半条命交给合作伙伴，也正是基于此，与合作伙伴通过股权纽带，在合作伙伴需要帮助的时候，通过自身流量优势扶一把，帮一程，而后续通过股权收益来分享合作伙伴长期发展成果。

5. 游戏业务的投资：资本纽带的业务合作

游戏作为占据腾讯近半利润的业务板块，对于腾讯的可持续发展显然起着举足轻重的作用。腾讯除了自身有着很强的游戏制作能力外，借助社交流量所形成的游戏发行能力，成了其业务最为核心的护城河，同时腾讯同样在全球市场依托投资来开展游戏行业的资源深度整合。

在过去的 10 多年时间里，腾讯在全球投资超过 100 次，且所投资的游戏公司就高达近 40 家，这里面不乏参股动视暴雪、拳头游戏这样的上市公司，也有整体收购 Supper Cell 这样的小众团队。而其投资的区域覆盖亚洲、欧洲、大洋洲、北美洲等，几乎遍及全球的各个角落。

腾讯游戏的业务板块经历了 10 多年的打磨，毫无争议地成为全球最赚钱的游戏公司。腾讯对游戏业务的投资，一方面保持了原有游戏团队独立开发制作的独立性，另一方面更加侧重于与被投对象业务拓展上的资源整合。由于中国游戏市场已经是全球仅次于美国的第二大的游戏市场，但进入中国市场的外国游戏产品和服务，往往面临着监管合规以及区域市场获客等巨大的市场门槛。

腾讯所投资的游戏公司，都是其产品在国内有着商业开发潜力的游戏制作公司，在投资的过程中双方也往往会约定好，由腾讯公司作为公司产品在中国区市场发行的唯一合作伙伴。《英雄联盟》《绝地求生》等一系列在国内火爆的国外游戏，都是按照这个路径进入国内市场的。而当下美国最为炙手可热的游戏公司、元宇宙第一股——Roblox 也是腾讯所投资的公司之一，而未来 Roblox 进入中国市场的路径，也少不了与腾讯的紧密合作。

6. 投资就是投人：不起眼的一笔投资，买下移动互联网时代的开锁人

从京东、美团、拼多多，到全球各类的游戏公司，腾讯成功的投资数不胜数。即便如此，如果要说最为重要且成功的一笔投资，恐怕没有哪笔投资可以和 2005 年初收购的 Foxmail 相提并论。

与游戏以及电商等其他投资看重长期的财务收益不同，Foxmail 在被收购的时候，马化腾从来没有想过 Foxmail 能为腾讯赚多少钱，而是看重以张小龙为首的 Foxmail 团队的产品开发能力。事实上，张小龙在进入腾讯之后，不仅仅帮助腾讯在 QQ 邮箱上取得了巨大的成功，更在腾讯迈入移动互联网时代时，帮助腾讯开发出近 10 多年来最为重要的产品——微信。

五、小结

毫无疑问，腾讯能够在如此长的时间里保持极高的速度发展，离不开中国互联网市场的红利。同时，借助西方商业社会成熟的治理体系来完善公司自身的发展也同样重要。中国快速发展的市场红利，加上成熟的公司治理体系，以及投资者的超级耐心，构成了投资史上这一伟大的奇迹。

第八章

学习巴菲特必须要知道的关键点

第一节　普通投资者的局限与优势

在大部分人的传统观念中，相对于大的金融机构，中小投资者总是会追涨杀跌，成为被割的"韭菜"，缺少所谓的专业技能。甚至不少专业投资者也会将中美股票市场长期走势的差异归因于市场参与主体的不同，美国机构投资者多，而中国散户众多。

机构投资者都是长期持有的价值投资者居多，散户追涨杀跌的多。散户在市场中毫无胜算，似乎成了很多人的共识。但共识，不等于是常识。事实上，随着互联网技术的发展，信息的透明度在不断增加，而普通投资者获得可靠信息的来源也在不断增加。即便是研究万里之外的美国市场的美国企业，普通个人投资者也完全有机会根据公司披露给投资者的公开信息，做深入的基础投资研究工作。公司季度的报告会、年度的投资者日等公开活动，大部分也都采用线上或电话的方式来进行，如果普通投资者有意愿，同样也是可以参加的。

随着信息技术以及市场制度的完善，普通中小投资者和机构投资者在获取有效信息上的差距相对于几十年前已经有了巨大的改善。这一点其实无论在美国资本市场，还是中国资本市场，都是一样的。

从追涨杀跌的短期交易来看，尽管这可能是散户形象的普遍共识，但仔细看看，大量的专业从事量化交易的机构投资者，不少采用趋势交易的方式，他们才是这个市场中大规模追涨杀跌的投资者。这一点在美国资本市场尤为明显。

根据美国彭博社的报道，被动投资的规模在 2018 年已经超越了主动管理的机构投资者。在《文明、现代化、价值投资与中国》一书中提到，即便在成熟的美国市场，真正从事价值投资的投资者比例在所有投资者当中也不超过 5%。反观 A 股市场，即便存在各种各样的问题，但依然有不少优秀普通个人投资者，通过深入了解公司，坚持长期价值投资的方式赚了大钱。是否做价值投资与是机构投资者还是个人投资者，以及与钱多钱少，其实是完全没有关系的。

事实上，在当下的市场环境下，个人投资者比一般的职业投资者还有着不少的优势。

（1）作为机构投资者的管理人，本身面临着巨大的竞争压力。比如，投资经理在长期的投资过程中，会面临各种净值短期波动的考核。这种波动的周期性可能会按日、月、季度、年这样相对短的周期随机出现，在职场的压力之下，不少职业投资者有时候也不得不追涨杀跌。即便是顶级的投资经理，有时候也不得不平衡长期确定性与短期波动之间的矛盾。

（2）由于大多数传统投资机构，出于对分散投资的要求，往往会对单一持股的要求做非常明确的限制。这会导致机构投资者尽管对所投公司有深入的研究，但即便遇到了大牛股，也不得不随着公司的成长，不断减少公司的持股数量。事实上，"卖早了"

对投资组合长期收益造成的伤害，一点不亚于"买错了"。如何证明"买错了"或"卖早了"？只有时间可以。而在现实中，市场波动将给职业投资者传导巨大的职场压力。但这种压力在大多数情况下，与价值投资的底层逻辑是相矛盾的。

我们再来看看投资大师关于分散投资的说法与做法，巴菲特与芒格在 1996 年的伯克希尔-哈撒韦股东大会上，对分散投资给出了自己的看法。巴菲特认为，尽管伯克希尔-哈撒韦作为专业的投资者，买入了很多的公司，但并不是因为要分散，而是由于自身钱太多，很多被投资的公司规模太小造成的。对于普通人，如果可以选择三家好的企业，则一生足够用了，并且可以超级富有。事实上，巴菲特的个人财富全部在一家企业——伯克希尔-哈撒韦。而他的搭档芒格，甚至认为现代金融课程就是废话（Twaddle），对现实的投资环境没有任何帮助。

伯克希尔-哈撒韦在1996—2021年最为重要的投资也就三笔，伯林顿铁路、中美能源以及苹果。其中，伯林顿铁路和中美能源，作为并购业务到了 2021 年已经占到运营业务利润的30%以上。而苹果是伯克希尔-哈撒韦 2016 年才开始进行投资的，但投资额已经占到其当时现金的30%以上。

根据 2021 年的财报，按照市值来看，苹果占到伯克希尔-哈撒韦证券投资比例的 45%。尽管说从市值来看，苹果已经为伯克希尔-哈撒韦创造了过千亿美元的利润，但伯克希尔-哈撒韦显然没有将苹果、美国运通、可口可乐等公众公司的股票当成证券来进行投资，而是当成参股投资。巴菲特甚至将苹果比作伯克希尔-哈撒韦的第四大的股权投资（排在保险、铁路和电网之后）。

普通投资者对几千只股票的了解程度，有没有可能超过传统机构的基金经理或者分析师？这几乎是不可能的。普通投资者有没有可能像伯克希尔-哈撒韦那样去做并购投资的业务？显然也是不现实的。然而幸运的是，这些对个人通过资本市场进行财富积累来说，并不是很重要。但普通投资者有没有机会通过主动管理的方式和公开信息了解若干家好的企业，以及通过投资来进行有效的长期财富积累？我认为这是切实可行的事情。只是我们需要努力的方向，并不在每日波动的交易价格之中。

事实上，不少年轻人都会比年老的巴菲特更早地了解到苹果的业务，即便没有办法像伯克希尔-哈撒韦那样去做并购，但铁路的业务也并不算难懂，铁路行业中的太平洋联合铁路（UNP）在2011—2020年的表现也相当优秀。而年轻的投资者从业务理解上，显然会比巴菲特和芒格两位老先生能够更好地理解现代商业社会中好的模式。

绝大多数投资者总是将目光放在股价的波动上，不愿意去认真阅读与思考公司披露给投资者的公开信息。我们在文中所提及的案例，有热门的公司，也有不那么热门的公司，但总体而言都是业务简单清晰、易于理解的公司。它们都在过去较长的时间里创造了惊人的长期股东收益，其股价也都伴随着市场的波动，在不同阶段出现很大的波动。

普通投资者要想在资本市场上赚钱并非很容易的事情，但其实也并没有那么难。普通投资者需要的是大量的阅读，以及对应的思考，而且在交易上要保持耐心与理性。普通投资者长时间坚持这样的做法，就可以很好地降低自身在投资过程中的局限性，也可以将普通投资者的优势不断放大。换种角度来思考，其实伯克希尔-哈撒韦公司的成功经验，值得每个普通价值投资者去借鉴。

第二节　务实、可靠的财务基础

在伯克希尔-哈撒韦漫长的投资过程中，大家都将目光放在其一笔笔画龙点睛般的投资上，以及利用盖可保险（Geico）等一系列全资持有的保险公司浮存金投资的独特商业模式的同时，很少有人去思考其独特商业模式背后可靠的投资和生活常识。

我们先来看看商业模式背后的基本常识。用保险公司浮存金来进行投资，这一商业模式表面上看是用资金池来进行多元化的投资，但除了资金池的规模外，资金池的稳定性才是这一商业模式切实可行的基础。盖可保险公司在数十年的长期承保的过程中，很少出现承保的亏损，同时还能不断增加承保人数，增加资金池的规模，这才是伯克希尔-哈撒韦商业模式持续成功的基础。

被伯克希尔-哈撒韦并购的企业通常都能带来持续稳定增长的现金流，而数千亿美元净资产规模的伯克希尔-哈撒韦公司的总部人数也仅仅只有 50 人左右，公司整体的管理成本相当低。这也为伯克希尔–哈撒韦持续的投资业务奠定了坚实的基础。

如果普通投资者希望通过投资长期获得收益，首先，需要有足以支撑生活的现金流来源。这个现金流来源可以是现金的储蓄，或者是自身的劳动性收入，也可以是经过审慎研究之后，长期持有的公众公司的持续的分红。其次，普通投资者不应该看重股票市场短期的波动带来的不稳定收益。普通投资者至少要能够明确预见到 3～5 年生活需要的现金流，将此基础之上的闲置资金能够进行 5 年以上的长期投资的资金，拿来进行审慎的投资。坚实的财务基础，是成功长期投资的必要条件，也是普通投资者发挥优势的必要基础。

这一点看起来简单，但做起来并不容易。2008 年金融危机之前，持有大量房产的美国投机客，并不会感受到现金的重要性，而当资产失去流动性时，短期的价格波动可以是巨大的。巴菲特将现金的头寸比作是氧气，一切正常的时候，并不会感受到氧气的重要性，而当失去了流动性时，才会发现氧气的重要性。

不仅仅是普通投资者，专业的机构投资者也时常忽视可靠的财务基础的重要性，很多机构投资者在低点被迫"割肉"多半是由于爆仓所引发的，即便有时候他们投资的逻辑从长期看是正确的，但由于忽视了市场变化无常的风险，所造成的伤害可能是无法挽回的。

第三节　学习伯克希尔-哈撒韦的几点体会

回顾伯克希尔-哈撒韦在投资领域的长期成功，绝大多数成功的投资并非依靠高深的知识，更多是依赖于常识与智慧。在我看来，这点应该是值得所有普通投资者欢呼的。尽管成为下一个巴菲特或者芒格对于普通投资者是天方夜谭的事情，但每个耐心与理性的普通投资者确实都有机会，通过向巴菲特学习，通过自身的努力，提升认知之后，依靠资本市场获得长期合理的投资收益。

我们向巴菲特学习的不是一个个股票的代码，而是对于价值投资的思考体系，同时结合自身的特点，形成自己的投资风格。更重要的是，巴菲特对于生活的态度能够给予我们很多启发。我从财富积累、交易方式，以及企业管理这三个方面，结合一些伯克希尔-哈撒韦过往的投资案例，粗浅地谈谈我个人学习伯克希尔-哈撒韦发展过程中的一些体会。

一、财富积累的常识

中年往往是大多数人眼中财富积累的黄金年龄，而在大多数人的认知中，随着步入老龄，创造财富的能力就会逐步降低。但事实上，只要一个人拥有常识和智慧，在投资理财领域，年龄并不是障碍。1996 年，巴菲特刚刚 66 岁，在美国是刚刚退休的年龄，但 1996—2021 年的 25 年间，伯克希尔-哈撒韦公司的股票上涨了近 14 倍，年化复合增长约 11%。也就是说，从明面上看，巴菲特约 95%的财富是在退休年龄之后积累起来的。

财富积累的背后，并不是所谓的买入和躺平，而是日复一日不停阅读与思考，以及耐心聆听。伯克希尔-哈撒韦公司财富的积累，依靠的是少数几次极为成功的投资。我们在这里仅仅回顾伯克希尔-哈撒韦过去 20 年来最为重要的两笔投资。

1. 伯林顿铁路：无聊的业务，满意的收益

巴菲特在 2020 年 5 月的股东大会上提到，不要浪费每一次的经济危机，事实上，在百年一遇的金融危机中，除了伯克希尔-哈撒韦对若干金融机构的投资外，其最大的投资就是 265 亿美元并购伯灵顿北方铁路公司（BNSF）。265 亿美元的对价放在当时近 11 倍的市盈率也并不算便宜。但由于铁路交通业务基本已经整合完成，公司可以说在很大程度上不存在太大业务上的竞争压力。尽管说竞争压力不大，但落后的管理系统，以及缺乏设备更新上的投资，让这个行业的利润水平，保持在不温不火的状况。

并购完成后，伯克希尔-哈撒韦并没有像传统并购基金一样，向伯灵顿北方铁路公司施加支付股息的压力，但经过短期两三年的新增投资之后，传统行业的利润率水平得到了极大的提升，2014 年伯灵顿北方铁路公司在基础设施上的投资比重近乎占到全部美国铁路公司新增投资的一半以上。伯灵顿北方铁路公司在 2020 年的经营利润率（息税前利润/收入）达到了惊人的 38%，相

对于 2008 年的 26%得到了极大的提升。而 38%的经营利润率水平，即使放到很多新兴产业来看，都是相当高的利润水平。

根据 2020 年伯克希尔-哈撒韦致股东信，伯灵顿北方铁路公司在被收购的 10 年时间里，为伯克希尔-哈撒韦公司贡献的股息总额高达 418 亿美元。也就是说，伯克希尔-哈撒韦收购伯灵顿北方铁路公司后，放手让管理层去经营，公司有多余利润就上交总部，公司需要继续投资就保留利润，用留存收益持续投资业务。

伯克希尔-哈撒韦这样"放养"式的管理方式，在一定程度上比分析师逐个季度盯着财务数据的做法要好不少，伯灵顿北方铁路公司同产业中最为类似的公众公司就是太平洋铁路公司了。作为公众公司，太平洋铁路公司其实在同期的表现也并不差，2011—2020 年期间，该公司股票价格从不到 40 美元/股，增长到超过 200 美元/股，涨幅高达 4 倍。除此之外，在此期间，公司累计向股东支付了超过 23 美元/股的股息，同时保证了每股股息每年的稳定增长（见图 8-1）。

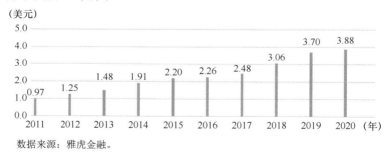

数据来源：雅虎金融。

图 8-1　2011—2020 年太平洋铁路公司每股股息

　　尽管普通投资者无法像伯克希尔-哈撒韦那样做上百亿美元的并购投资，也无法对公司资本配置的规划起到太大的影响。即便如此，如果投资者认真了解铁路公司的业务，当伯克希尔-哈撒韦对伯灵顿北方铁路公司进行并购时，买入类似的公司，比如太平洋铁路公司的股票，同时保持足够的耐心，10 年的长期收益率同样是惊人的。算上股息收入，从 2011—2020 年持有太平洋铁路公司的年化复合收益高达 17%。朴素的投资方式，完全有机会获得非常不错的长期收益率。

2．苹果的投资：后知后觉不影响大赚特赚

　　如果说伯克希尔-哈撒韦投资的苹果是常年的热门股，那么伯克希尔-哈撒韦没有在乔布斯任期内买入这家极具情怀的热门公司，也没有在苹果初入中国市场时买入。而是在 2016 年，蒂姆·库克上任五年后，大众媒体认为苹果开始走下坡路的时候，伯克希尔-哈撒韦开始不断买入苹果的股票。

　　2016 年、2017 年和 2018 年，伯克希尔-哈撒韦连续三年不断买入苹果，总计买入超过 360 亿美元苹果的股票，占苹果股份超过 5.4%。2019 年和 2020 年，伯克希尔-哈撒韦虽然出售了少数苹果的股票，但随着苹果自身回购股票，其持股比例并没有降低。到 2020 年底，其持有苹果的比例依然为 5.4%（见表 8-1）。如果按照苹果现在的市值来计算收益，2016—2020 年，其在苹果的投资年化复合收益率达到了惊人的 58.9%。

表 8-1　2016—2020 年伯克希尔-哈撒韦投资苹果的收益率

伯克希尔-哈撒韦投资苹果复盘	2016 年	2017 年	2018 年	2019 年	2020 年	合　计
买入苹果公司（亿美元）	（67）	（142）	（151）	0	0	（360）
流入（持有苹果股票的股息收入）（亿美元）	0	4.10	7.20	7.63	21.87	40.80
流入（卖出苹果股票的收入）（亿美元）	0	0	0	9.29	92.64	101.93
伯克希尔-哈撒韦持股苹果公司的市值 2020 年底（亿美元）					1204.24	
伯克希尔-哈撒韦投资苹果 5 年的年化复合收益率					58.9%	

数据来源：苹果和伯克希尔-哈撒韦公司年报。

　　如果考虑到苹果在 2016—2018 年的平均可投资资金（三年账面现金的平均值）约为 1040 亿美元，其三年净资产平均值接近 6800 亿美元。也就是说，巴菲特投资苹果时，拿出了自己可投资资产的超过 1/3，以及接近自身净资产的 5%，可以说这是一笔极其巨大且慎重的投资。这也是巴菲特多年研究之后的投资成果。

　　尽管不是并购，但苹果是伯克希尔-哈撒韦公司过去 20 多年里最大的一笔成功投资。从这个角度看，普通投资者更加应该欢呼雀跃。事实证明，公开市场的价值投资的机会从长期角度看，确实比私有市场更多。客观来讲，对苹果的业务理解的难度确实略高于铁路行业与公用事业公司。但作为智能手机的开创者，在 2016 年早已抢占了移动互联网门票的苹果，真的那么难懂吗？我相信对于苹果商业有理解的人绝对不少，但真正能够坚持持有苹果的投资者却少之又少。

　　苹果股价上的增长并没有随着"股神"的加入而快速上涨。事实上，伯克希尔-哈撒韦开始持有苹果的头三年里，苹果股价的涨幅极其有限，甚至不乏出现阶段性大幅的回撤。如果我们对公司业务足够理解，并有足够的耐心，长期看，好的收益总会到来（见图8-2）。坚持学习，后知后觉不会影响普通投资者获得长期合理的收益。

伯灵顿北方铁路公司和苹果是近 20 年伯克希尔-哈撒韦最大的两笔投资，没有高深的分析，都是正常人可以理解的商业常识，也都是普通投资者完全可以进行学习与模仿的投资方式。同时，这两笔投资也是伯克希尔-哈撒韦在过去 10 多年的股东收益的重要基础，而这背后需要的专业知识并不多。

二、公平的交易是双赢

伯克希尔-哈撒韦在过去20年中，收购了大约20家公众公司，以及很多其他的非上市企业，但不论并购投资的大小，伯克希尔-哈撒韦采取一种非常极端的并购交易原则，伯克希尔-哈撒韦从来不参与到竞价投资的过程中，并且所有的交易都是一口价，从来不讨价还价，一次报价不成功，永远不再交易。

交易的基础本质上是双方的一种互利，但竞价的方式又有了某种博弈的色彩。对伯克希尔-哈撒韦来讲，选择交易对手，重要的是公平，并且管理层是巴菲特与芒格所喜欢与尊重的人，交易对价的背后，更多是交易双方彼此欣赏与信任。巴菲特对所并购的公司的态度与做法，本质上与普通投资者在二级市场上买股票的做法无太大的差异。但作为一位受人尊重的股东，伯克希尔-哈撒韦在投资过程中的坚持，值得普通投资者去学习。

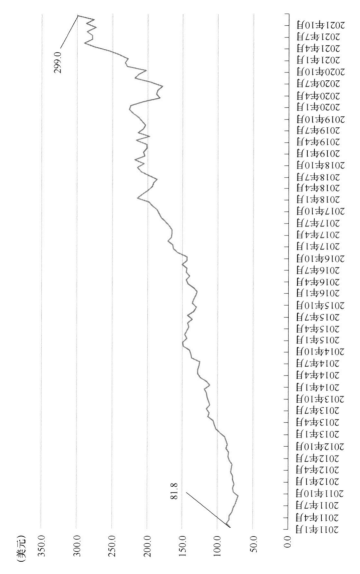

图 8-2　2011—2021 年伯克希尔-哈撒韦 B 类股市场表现

对比亚迪的投资：跨过大洋彼岸，性情相投不分国籍，耐心给予值得相伴的人。2008 年，当李录将比亚迪介绍给芒格与伯克希尔-哈撒韦时，比亚迪还是一家刚刚在港股上市几年的小型公众公司。但这丝毫不影响芒格与巴菲特对王传福的喜爱。

伯克希尔-哈撒韦按照 8 港元/股的价格，投资 18 亿港元，持有 2.25 亿股比亚迪的股票，占公司股本的 10%。"股神效应"让比亚迪在 2 年内上涨近 10 倍，尽管业绩透支了很多年，但对于公司长期发展空间的信心，让伯克希尔-哈撒韦这个明星股东，抵御住了巨大的短期诱惑，坚持持有，即便在 2012 年其股价一度出现大幅回撤到 2008 年的水平（见图 8-3）。

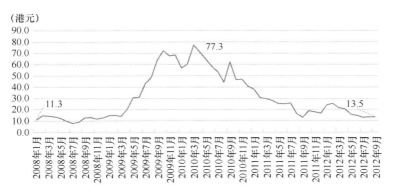

图 8-3　2008—2012 年比亚迪股价市场表现

做一个安静的股东，不干预，不快进快出，静静地享受管理层在业务上的突破。比亚迪的股价在 2012—2020 年，虽然也出现了不小的增长，但持有至今的伯克希尔-哈撒韦，账面上浮盈超过了 35 倍（见图 8-4）。近期，芒格有过比亚迪股价过高的表述，但对于王传福的认可，以及对于比亚迪公司的喜爱，让芒格对比亚迪做出了如下的公开表达："尽管公司的股价很高，但对我们很喜欢的公司，作为股东将会非常非常忠诚，不会轻易卖出。"

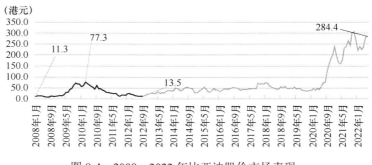

图 8-4　2008—2022 年比亚迪股价市场表现

巴菲特将投资比作寻找伴侣，希望找到可以一直相伴的公司，而芒格将找到好的伴侣的诀窍称作要让自己与之匹配。伯克希尔-哈撒韦这样的投资者，可以在 10 多年的时间里，不论市场如何剧烈波动，而不出售任何股权。更重要的是对比亚迪公司从电池业务到汽车转型等引发诸多争议的业务发展路径上，可以毫不犹豫地支持管理层做事情。伯克希尔-哈撒韦获得这样的收益，是努力与认知相匹配的结果。

三、企业管理与生活

伯克希尔能源的前身是伯克希尔-哈撒韦在 20 世纪 90 年代花了不到 20 亿美元收购的一家位于美国中部艾奥瓦州的区域型的小型公共事业公司，其主要向当地居民提供供电、发电、输电、燃

气等综合能源服务。传统行业的公共事业公司，往往是被投资者
当成稳定分红的现金流资产来持有的。但公司原来的管理层愿意
被伯克希尔-哈撒韦收购，很大程度上是由于巴菲特与芒格愿意认
可投资的常识，而非传统商业的共识。

自 2006 年起，公司制订了近 30 年的长期投资计划，伯克希
尔-哈撒韦将自身持有的优先股转为了普通股。从那时起到现在，
伯克希尔能源公司没有给伯克希尔-哈撒韦分过一分钱。公司的利
润全部用于自身的持续投资，甚至随着公司规模的扩大还在增加
债务投资。摆脱了商业共识带来的压力，将利润不断滚动再投资，
使得公司大幅减少了短期支付股息的压力，这反而成了伯克希尔
能源在行业竞争中的最大优势。

公司煤电发电占比从 2006 年的近 60%，降低到现在的不到
25%。而公司同时在风电、太阳能、输电网等多个关键领域进行了
成百上千亿美元的投资。由于伯克希尔能源是私有公司，所以持
续有效的长期投资带来的变化无法简单从过往股价走势中看出。
但该公司从一家小型的区域型公共事业公司，已经变成在美国排
名前五的公共事业公司。如果将收入和利润与同行业的公司进行
对比，那么伯克希尔能源当前的估值不会低于 600 亿美元。

伯克希尔-哈撒韦并没有因为伯克希尔能源公司从事传统行
业，就必须按照行业共识年年分红，但却尊重常识，在该投资的
领域、合适的时间进行合理的投资。我们的生活中，其实有太多
想当然但从本质上又是完全不符合常识的事情。伯克希尔-哈撒韦

在能源领域投资的成功，很大程度上说明了，基本常识，而非共识，才是在投资领域取得长期成功的关键。

生活中，有太多想当然的共识违背了基本价值观和基本常识，从投资理财的追涨杀跌，到学校里的唯分数论的内卷，再到经济发展过程中的唯 GDP 数据论。很多时候，我们需要放慢脚步，不要成为那个眼中只有钉子，而挥舞锤子的人。生活的基本常识，可以解决绝大多数普通人的大多数问题。

第九章

格物致知，自我进化

第一节 看透自己的能力圈

能力圈（Circle of competence）是投资领域认知自己的基础。但我们经常面临的一个困惑就是，怎么样才能知道自己的能力圈呢？我对公司了解的程度是多少呢？了解财务、了解业务、了解技术，究竟了解到多么深入才算是合格呢？

在现实情况下，我并不相信存在这样的一个人，会对某家公众公司的方方面面的信息都可以事无巨细地全部了解。做供应链出身的库克，可能很难对芯片的设计或是金融支付的技术细节有超越普通投资者的了解，巴菲特也不会对于旗下数百家全资公司的业务每天的经营状况了如指掌。那么从投资这件事情上来看，能力圈到底是什么呢？

投资的方式可能是多样性的。有些投资者通过量化投资寻找赚钱的趋势，例如大奖章基金；有些投资者从宏观角度入手，也可以获得长期的投资成功，例如达里奥的桥水基金。即便同是价值投资者，红杉基金与伯克希尔-哈撒韦的投资风格也是完全迥异的。这些投资大师也都不是百战百胜、每笔投资都是稳赚不赔、永不犯错的神仙。但有一点很明显，他们对自己所做的决定都有着清晰的认识，投资本身就是具有风险性的一项工作，只是每一种投资的方式对风险的评估方式有所不同。

对于价值投资者来讲，投资的能力圈就是对投资标的内在价值评估的准确度。本杰明·格雷厄姆是第一个提出公司内在价值的人，巴菲特将内在价值描述为资产未来产生现金流经过合理的折现率的现值。所以对价值投资者来说，能力圈就是个人对公司未来提供给股东的现金流的预测能力。

当然，这种预测能力与所研究学习的知识有一定的关系，但又有着明显的区别，就像科学与艺术一样，科学都是对于已经知道的现象进行相关规律的总结，但随着越来越多的现象出现，我们会逐步发现科学的规律也会有各自适用的范围，并不能在各种情况下一通百通，但通过观察、总结、逻辑推理的研究过程是科学不断进步、永不止步的方式。从这一点上说，我们确定自身投资能力圈的方式是完全一样的。

不同的价值投资者对未来现金流预测的角度，或多或少也是有所不同的，有些投资者侧重考虑商业模式，有些投资者侧重观察执行团队，考虑人的因素，还有的投资者会更多从技术与产品的角度来预测。

无论自身研究的角度是什么，最终的落脚点都应该是对公司未来为股东所创造的长期现金流的预测，而中间的逻辑要能够自洽，同时对于预测的前置条件也要有清晰的认识。在日常永不间断学习的过程中，在市场的历练中，逐步不断去完善自身的能力圈，在保持内心的坚定的同时，也要保持对于市场的敬畏。

当市场的噪声足够大的时候，如果没有对自我的足够认可，从众的心态往往就会随着恐惧占据投资者的内心。此外，当我们的预测与现实情况出现不完全一致的情况时，同样需要我们有更加深度的思考，诚实地面对自己，是去认错，或是调整自己的判断。

有着印度巴菲特之称的帕莫来曾在采访中提到，即便像巴菲特这样的投资大师，也并不是每次投资都能赚钱的，整体的正确率是每 10 次能够成功 7 次左右，而自己大概每 10 次投资有五六次成功就相当不错了。但是他们很清楚在哪些情况下，自己成功押注的可能性更大。

巴菲特与伯克希尔-哈撒韦的成功并不在于其每次投资都成功，而是在于他们知道自己的能力圈在什么地方，所以当面对收益率很高，而自身判断出错概率很低的大机会出现的时候，他们都会毫不犹豫地下大注来进行投资。在经过长达几十年的投资生涯之后，巴菲特也说过，如果把伯克希尔-哈撒韦最好的 10 次投资去掉，伯克希尔-哈撒韦的业绩可能就是个笑话。

对于长期投资这件事情，深度了解能力圈的重要性，远大于投资圈的大小。了解自己的能力圈不是为了不犯错误，而是清晰地知道自己犯错误的可能性究竟有多大，而不犯错误的可能性有多大。只有这样，当机会出现的时候，我们才会很清楚地了解到该如何进行投资。由于资本市场上不断出现极端情况，普通投资者会发现，即便判断能力一般的人，只要在能力圈里做事情，且足够耐心，他可能获得的投资机会也会相当多。

巴菲特曾提到重要的打卡理论，一个普通投资者如果一辈子只买不超过 20 家公司的股票，那么这个投资者的长期投资收益会好得多。但目前的市场中，各类的交易平台提供了过于便利的交易方式，让投资者不用那么深入了解公司，也可以很轻松地做出投资决策。但在越来越轻松的决策背后，显然赚钱的概率并没有随之而提升。

如果说了解能力圈、守住能力圈可以让投资者立于不败之地，那么拓展能力圈则可以帮助投资者不断创造辉煌。投资这个领域没有特别明显的一通百通的方法，因为如果一个方法实在是太赚钱就会吸引无数的投资者来模仿和学习，最终固化有效的投资方式是很难长久的。

投资者希望在这一领域不断地取得突破，也需要进行持续的学习，来不断扩大自己的能力圈。需要强调的是，能力圈的提升与投资者是否在能力圈外做交易、买卖股票并没有什么关系。接下来我们复盘一下伯克希尔-哈撒韦进行科技股投资的历史，来更清楚地解释一下能力圈的相关问题。

伯克希尔-哈撒韦对苹果的成功投资，让大家忽略了其对于 IBM 的 7 年失败投资，更多人没有注意到的是，巴菲特与芒格公开的伯克希尔-哈撒韦最为失败的投资案例其实是没有投资谷歌公司。

接下来让我们进行一个简单的复盘，通过案例来帮助大家理解关于能力圈的问题。我们先来看事实情况：2011 年初，伯克希尔-哈撒韦斥资约 110 亿美元买入 6400 万股的 IBM 公司的股票，约占总股比的 5.5%。同年的伯克希尔–哈撒韦的股东会上，巴菲特表示："IBM 是否是成功的投资取决于 IBM 未来的盈利水平，同时 IBM 公司花大量的钱在进行股票回购，回购的数量是第二重要的因素。"

在 2010 年，IBM 已经从 20 世纪 90 年代初的濒临破产转为一家经营相对稳定的、面向企业提供信息服务支持的 IT 公司，收入约 1000 亿美元，有 460 亿美元的毛利、180 亿美元的运营利润，以及近 150 亿美元的净利润。伯克希尔–哈撒韦买入时 IBM 公司估值大约是 2010 年利润的 14 倍。

从资本配置角度来看，IBM 自 2007 年开始，不断回购自身的股票，且 2010 年回购了近 150 亿美元的股票。

从价格上来看，是相对合理偏便宜的。

从业务发展来看，企业信息化服务市场，在经历了长期的竞争之后，IBM 基本上成为为数不多的玩家。护城河也相对是宽广的。

对于巴菲特提到的两个决定投资成功与否的条件，关于未来的盈利水平，这一点是所投公司内在价值的核心，巴菲特显然有着自己的期待。

关于回购的效果，显然是在公司回购的时候，股价越低越好。巴菲特在 2011 年致股东的信中提到，如果未来 5 年，保守估计 IBM 的净利润达到 200 亿美元，按照 5% 的股比，伯克希尔–哈撒韦将获得 10 亿美元的利润。而如果公司在此期间的股价越低，公司回购就越多，我们的实际利润就会越高，尽管从股价上看可能不算好看。

"股神效应"短期确实在 IBM 的股价上有了不错的显现，但在突破 200 美元/股后，公司的股价并没有持续增长，而是呈现了缓慢回落的态势，基本保持在了 150 美元/股上下波动（见图 9-1）。

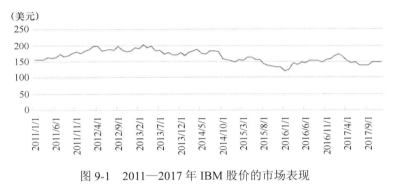

图 9-1　2011—2017 年 IBM 股价的市场表现

在业务上，由于云计算和 SaaS 软件的兴起，企业信息化服务逐步发生了颠覆式的变化，赛富时（Salesforce）这样的软件公司，以巨大的成本优势在逐步蚕食 IBM 的传统市场。

尽管 IBM 期间依然每年会进行大量的回购，且每年增加每股股息，但公司的业务并没有想象中得好。到了 2017 年，公司收入降到了不到 800 亿美元，毛利为 360 亿美元，运营利润不到 120 亿美元，净利润下滑至不到 60 亿美元。而不到 130 亿美元的自由现金流，相对于 2011 年也有了超过 10%的下滑。但由于 IBM 稳定的付息，加上"股神"加持的光环，公司股价整体表现还算是稳定的（见图 9-2）。巴菲特期待的公司可以通过回购，买回更多股票的愿望也没有实现。

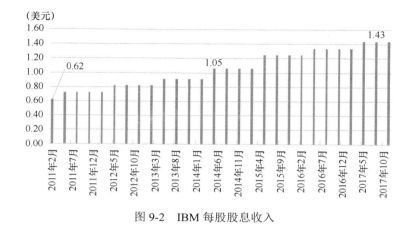

图 9-2　IBM 每股股息收入

很显然，巴菲特意识到自己在 2011 年对于 IBM 业务的判断出了问题，新的业务竞争业态已经超出了巴菲特的能力圈。所以在 2017 年底，巴菲特果断清仓了所有 IBM 的股票。算上股息收入，持股期间，伯克希尔-哈撒韦基本上没赚没赔。所以，我们对自身能力圈的评估，应该是一个动态且持续的过程。

当有人问到伯克希尔-哈撒韦最大的投资失误是什么的时候，巴菲特将投资当时还是以纺织业务为主的伯克希尔-哈撒韦称为自己最失败的投资。而芒格则认为是那些在自身能力范围内却错过的投资，这里面最为典型的代表就是谷歌公司。

在 2018 年伯克希尔-哈撒韦股东会上，巴菲特表示，谷歌在早期的时候与伯克希尔-哈撒韦最大的子公司盖可保险公司有着长期紧密的合作，同时谷歌导流的商业模式也是异常得好。盖可保险每次获客，都需要向谷歌支付相关的费用，而谷歌的成本几乎为零。谷歌的创始人团队，很大程度上也是巴菲特的粉丝，他们与巴菲特和芒格也曾经有过深入的交流。

伯克希尔-哈撒韦错失投资的机会可能与谷歌早期的估值过高有关，2004 年谷歌的市值大约在 300 亿至 500 亿美元左右。而谷歌在 2004 年的收入仅仅为 30 多亿美元，净利润也只有不到 4 亿美元。过高的估值，使得伯克希尔-哈撒韦放弃了做更进一步未来业务的预判，从而错失了早期投资谷歌的机会。

试想一下，伯克希尔-哈撒韦在 2004 年花 20 亿美元买下谷歌约 5%的股份，并持有至今，即便不追加投资，股份被稀释一半，按照其 1.4 万亿美元市值来计算，2.5%谷歌的股份价值约 350 亿美元。也就是说，这笔该投资而没有投资的"错误"，潜在损失是 350 亿美元。

毫无疑问，这样的错误带来的损失是巨大的，当然善于学习与思考的伯克希尔-哈撒韦并没有持续犯错，在苹果的投资上，其表现出了极强的耐心与定力，获得了非凡的收益。

从未投资谷歌的"隐性失误"，到对 IBM 的失误投资，再到苹果的成功投资，这背后是伯克希尔-哈撒韦在坚守价值投资能力圈范围内的同时，通过不断的学习，不断扩展自身能力圈。而这些投资行为的背后，不论是成功的投资，还是失败的投资，都值得我们去不断地深入复盘。

识别自己的能力圈是基础，拓展自己的能力圈也很重要，特别是在这个产业不断变化，但同时又充满诱惑的时代里，我们首先要做到坚守自己的能力圈，做到不迷失。如果有可能更进一步，通过不断的学习与反思，不断去拓展自己的能力圈，才可能获得更高的收益。

第二节　对复利的再认识

爱因斯坦将复利（compounding）称为世界第八大奇迹。复利对于财富的积累有着重要的作用。但事实上，复利的积累也并不是一种线性的变化过程，投资者不能按照"市场先生"给出的实时市值变化来期待自身的财富积累过程。

事实上，真实财富积累的过程，往往都是随着自身认知的提升而不断提升的。这种看不见的过程从长期来看，会逐步反映到市场价值的变化中来，但从任何短期的变化来讲，都可能是严重失真的。

伯克希尔-哈撒韦从1965—2021年长达57年的漫长投资历程中，累积创造了超过3600多倍的收益。按照复利计算，平均年化复合收益率超过20%。而标普500指数在对应57年的时间里创造的收益约300倍。按照复利计算，平均年化复合收益率大约是10.5%。

从长期看，伯克希尔-哈撒韦相对于指数绝对是胜者。但如果以年为时间跨度，任选一年来对比伯克希尔-哈撒韦与标普指数的收益率水平，那么伯克希尔-哈撒韦在57年中，不仅在1/3的年份里（19年）跑输了标普500指数，更是在近1/5的年份里（11年）出现了负收益（见图9-3和表9-1）。

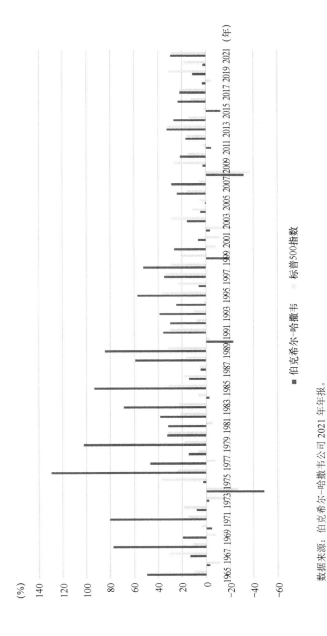

数据来源：伯克希尔-哈撒韦公司 2021 年年报。

图 9-3　1965—2021 年伯克希尔-哈撒韦与标普 500 指数年度收益率对比

表 9-1　伯克希尔-哈撒韦对比标普 500 指数（持有期不同的收益率水平对比）

时　　限	任意 1 年	连续 3 年	连续 5 年	连续 10 年	连续 15 年	连续 20 年
总次数	57	55	53	48	43	38
战胜标普次数	38	39	45	42	40	37
胜率	67%	71%	85%	88%	93%	97%

　　如果我们将时间拉长，结果往往就越来越清晰。将任何连续
3 年、5 年、10 年、15 年、20 年的收益放在一起，我们就会看出
来，如果时间越长，市场对于真实复利的反映就会越真实。

　　实际上，对于普通投资者来讲，有几个 5 年、10 年，甚至
20 年呢？我们如果无法从市场价格的信息里看到复利积累的过
程，又该从什么地方来验证复利积累的过程，来验证财富是在通
过复利来积累，而非减少的呢？

　　首先，价值投资的复利积累，一定是建立在对投资认知的积
累基础之上的。这种认知的积累需要不断地做所投公司的深入研
究，通过自身过往的投资经历来复盘也是相当重要的事情。

　　其次，更为聪明的做法是，复盘投资大师过往的投资经历，
尝试着站在他们的角度来理解问题。回顾的角度一定是基于公司
业务，以及从资本配置的角度来看，而不要单一看股价的波动。

　　巴菲特曾在早期的年报中提到，他喜欢通过穿透法来评估投
资，我个人觉得这是一种非常好的方式。那什么是穿透法呢？我
们拿苹果做例子。

　　2012 年秋，苹果的手机继续大卖特卖，一个普通投资者经
过慎重的分析，对于公司未来 10 年的业务有了相对审慎的判断，

决定买入苹果的股票，但是不凑巧，买在了 2012 年 9 月的高点
（705 美元/股）。而接下来三四年的时间里，他可能都无法通过出
售股票获得很好的收益。

由于经过审慎的分析，对于公司的未来 9 年的业务判断与真
实情况，基本保持一致。我们会发现，即便短期看起来付出了过
高的成本，但如果对于业务的判断是相对合理的，那么公司在接
下来 9 年中的每股利润总和达到了 687.6 美元/股，接近于买入股
价的成本。与此同时，9 年累计的 687.6 美元的每股利润当中，公
司在 9 年内会支付合计超过 156 美元的股息。而公司在 9 年后的
每股（复权）利润为 157.08 美元，超过了当年成本 705 美元的
20%以上（见表 9-2）。

表 9-2　2013—2021 年苹果相关财务数据与分红数据

单位：美元

年　　份	2013 年	2014 年	2015 年	2016 年	2017 年	2018 年	2019 年	2020 年	2021 年	合计
复权稀释后每股盈利	39.75	45.15	64.54	58.17	64.47	83.37	83.23	91.84	157.08	687.60
复权后每股股息	11.40	12.74	13.86	15.26	16.80	19.04	21.00	22.26	23.80	156.16
稀释后每股盈利	39.75	6.45	9.22	8.31	9.21	11.91	11.89	3.28	5.61	
复权系数	1	7	7	7	7	7	7	28	28	
每股股息（未复权）	11.40	1.82	1.98	2.18	2.40	2.72	3.00	0.80	0.85	

数据来源：苹果公司年报。

也就是说，如果对于业务的判断足够正确。毫无疑问，长期持有获得的收益总体来讲都不会差。事实上，投资者也会发现，即便是苹果，也不大可能做到年年都增长的"完美财报"，只要公司的发展是按照长期预定的轨道在走的，复利的积累总会到来。

除去利润与市值的长期增长之外，在当下的环境中，投资者也需要认识到，越来越多的公司会选择通过股票回购的方式来回馈股东，而股票回购对应的流通股的减少，以及剩余持有公司同样数量的股票的股东，所带来的持股比例的增长，也同样是一种长期的复利增长。这种复利的增长往往在短期两三年的时间里是很难体现出来的，但放到 10 年以上的时间跨度里，复利的累加作用是非常明显的。

巴菲特在 2022 年股东大会中拿美国运通举例，伯克希尔-哈撒韦最后买入美国运通大概是在 2000 年的时候，当时的持股数是 151610700 股，持有公司的比例是 11.4%。尽管伯克希尔-哈撒韦没有进一步增持，但由于进行持续性的回购，伯克希尔-哈撒韦持有美国运通公司的股比增长了近一倍，达到了 19.9%。也就是说，近 20 年的收益里面，近乎一半的收益，是由于回购带来的。

从长周期来思考股东收益的角度来看，长期持股的股东希望可能是股价越低越好。我们在这里做一个假设性的量化思考。

如果一家公司 A，有 1 亿股的流通股，当年有 1 亿美元的利润，在接下来的 10 年的时间里面保持年均 10% 的利润增长，同时在 10 年后业务形态基本保持不变。我们假设当下投资者买贵了，按照 30 倍的估值来买，也就是 30 美元/股，而 10 年后的公司的估值水平只有 10 年前的一半——15 倍，公司在此期间将所有的利润用于股票回购。而股东收益的不同，完全由公司股票回购的效果带来的（见表 9-3）。

表 9-3　假设公司 A 净利润按照 10%的增速提升

年　　　数	1 年	2 年	3 年	4 年	5 年	6 年	7 年	8 年	9 年	10 年	合计
净利润（百万美元）	100	110	121	133	146	161	177	195	214	236	1593

我们假设公司在 10 年期间的平均回购价格是 30 美元/股，同我们购买的成本相同，或者低于我们的成本 20 美元/股，或是高于我们的市场价 40 美元/股。在不同情况下，由于公司期间回购股票价格不同，造成回购的数量不同，最终期间回购价格最低时，长期股东收益最好（见表 9-4）。

表 9-4　股价波动对于长期持股收益的影响

假设期间平均公司回购价格（美元）	30	20	40
1 年价格（美元）	30	30	30
1 年估值（市盈率）（倍）	30	30	30
1 年每股盈利（美元）	1.00	1.00	1.00
1～10 年回购数量（百万股）	53.12	79.69	39.84
10 年流通股数量（百万股）	46.88	20.31	60.16
10 年估值（市盈率）（倍）	15	15	15
10 年每股盈利（美元）	5.03	11.61	3.92
10 年每股价格（美元）	75	174	59
10 年合计回报	152%	480%	96%

这也从另一个角度说明了，如果投资者考虑公司回购带来的长期复利影响，在买入股票之后，在期待业务情况符合自身判断

预期外，应该期待的是公司股价越便宜越好。因为这样，回购所带来的复利效应才会越好。

第三节　自我进化之路

从格雷厄姆一个世纪前开创价值投资开始，他有两位顶级优秀的学生，一位是大家都非常熟悉的巴菲特，而另一位则是著名的风险投资基金的管理人比尔·鲁安（Bill Ruane）。两人尽管惺惺相惜，但投资风格却完全不同，但这并不妨碍他们之间的相互欣赏。巴菲特早期甚至说过，如果自己身故了，投资的事情一定会交一部分给比尔·鲁安。

作为巴菲特与芒格的追随者，号称"印度巴菲特"的莫尼斯·帕波莱、高谭资产管理公司的投资大师乔尔·格林布拉特等知名的巴菲特和芒格的粉丝们，每个人都在践行价值投资的共同原则，但他们却在用自己独特的方式进行着长期的投资。

莫尼斯·帕波莱在当下将目光投向了通胀严重，但资产价格极其便宜的土耳其。乔尔·格林布拉特在市场上独创并购套利模式之后，目前采用了更加分散、持股近 300 多家公司的、多空结合的投资方式。

真正的价值投资者，没有风格完全一样的。我们向价值投资大师们学习的目的，不是为了成为下一个大师，而是希望可以站在巨人的肩膀上，更好地形成自己的投资风格。

第十章

美股研究的启示与思考

第一节　美国财税结构变化背后的思考

2016 年，特朗普出人意料地当选了美国总统。面对债台高筑的美国，"疯狂"的特朗普给出的药方竟然是降低企业所得税，减少监管，综合平均企业所得税从 35%降低至 21%。但出乎大多数人意料的是，美国财政的综合税收并没有减少，甚至还在不断地增加。

2018 年，企业所得税降低至 21%时，美国成为所有发达国家中企业所得税最低的国家，然而整个国家的财政税收竟然从 3.3 万亿美元提升到 2020 年的超过 3.7 万亿美元（见图 10-1）。如何去理解这样的现象，我们需要拉长视角去看美国税收结构的变化，用基本生活常识就可以有很多新的发现。

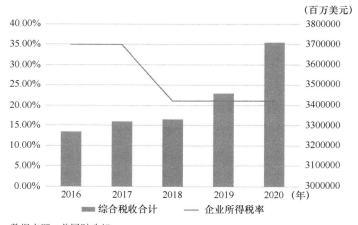

数据来源：美国财政部。

图 10-1　2016—2020 年美国企业所得税率与综合税收合计对比

如图 10-2 所示，美国财政收入结构由 20 世纪三四十年代关税企业所得税为主要来源，逐步过渡到以个人所得税以及社保（退休保证金）收入为主要来源。

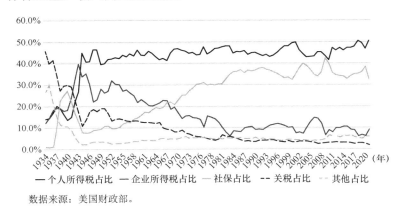

数据来源：美国财政部。

图 10-2　1934—2020 年美国财政收入来源变化

事实上，这种收入结构的变化，并不意味着美国提高了个人所得税的税率，也并不意味着企业所得税收入的长期减少。根据美国财政部披露的税收数据（见图 10-3），经过美国官方的通胀数据的调整会发现，尽管自 20 世纪四五十年代，美国逐步增加企业所得税的税率，但经过通胀调整后，企业所得税的收入，在六七十年代企业所得税税率较高的时期里，并没有随之增加。而随着80 年代末企业所得税税率降低，尽管企业所得税收入在当时一两年内有小幅的回调，但由于企业所得税税率降低进一步刺激了经济的发展，企业所得税真实收入（经过通胀调整后）反而呈现出长期明显的增长趋势。

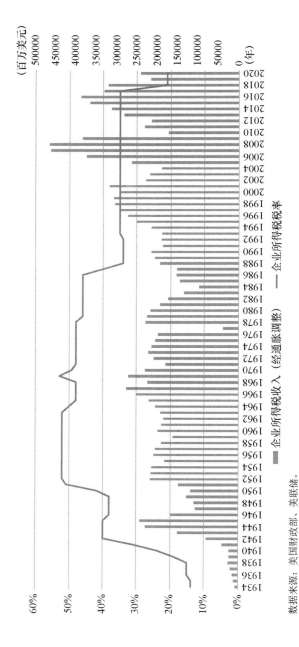

图 10-3　1934—2020 年经通胀调整后，企业所得税收入与企业所得税税率变化趋势

数据来源：美国财政部，美联储。

2018 年，特朗普将企业所得税降低至历史新低 21%。但美国企业所得税的真实收入事实上比 20 世纪六七十年代企业所得税税率超过 50% 时还要高。这是多么令人惊讶的结果。

更加令人惊讶的发现，来自于个人所得税的税率。相较于企业所得税的税率，个人所得税的税率基准有更加多阶梯的基准，按照个人申报与按照夫妻双方申报也有所不同，我们在这里不做更加细致的讨论。我们借用美国财政部公布的历史上家庭双人共同申报个人所得税的税率的最高档，以及最高档税率适用的收入起点，拉长周期来看，希望能够给大家有一些思考与启发。

表 10-1 是由美国财政部公布的个人所得税相关历史数据。美国的个人所得税的征收与我国的情况基本类似，采用累进制，但可以选择通过个人或夫妻双方共同申报所得税。

表 10-1 1934—2000 年美国个人所得税相关数据

年份	所得税最高税率	最高税率起征点（夫妻共同申报）（美元）	个人所得税税收额（百万美元）	个人所得税占税收总额比例
1934	63.0%	1000000	420	14.2%
1936	79.0%	5000000	674	17.2%
1941	81.0%	5000000	1314	15.1%
1942	88.0%	200000	3263	22.3%
1943	88.0%	200000	6505	27.1%
1944	94.0%	200000	19705	45.0%
1947	91.0%	200000	17935	46.6%
1952	92.0%	400000	27934	42.2%
1954	91.0%	400000	29542	42.4%
1976	70.0%	200000	131603	44.2%

（续）

年份	所得税最高税率	最高税率起征点（夫妻共同申报）（美元）	个人所得税税收额（百万美元）	个人所得税占税收总额比例
1982	50.0%	85600	297744	48.2%
1987	38.5%	90000	392557	46.0%
1988	28.0%	29750	401181	44.1%
1991	31.0%	82150	467827	44.3%
1993	39.6%	250000	509680	44.2%
2000	39.6%	288350	1004462	49.6%

数据来源：美国财政部。

　　这里我们参考夫妻双方共同申报的最高税率。例如在 1934 年，夫妻双方劳动性收入所得超过 100 万美元的部分，需要按照 63% 的税率缴纳个人所得税。在 20 世纪 30 年代，年薪可以超过 100 万美元的家庭屈指可数。而从 1934—2000 年，尽管税率整体大幅下降，综合税率从高峰期的超过 90% 降低到 2000 年的 39.6%。但是起征点的下降幅度更大，从 1934 年的 100 万美元，下调到 2000 年的不到 30 万美元。

　　如果考虑通胀的因素，相当于征税的起征点从 1934 年的约 2000 万美元，下调到 2000 年的 45 万美元（根据 2021 年底公布的 CPI 数据调整购买力）。也就是说，从 20 世纪 30 年代到 2000 年，更多的中产以及一般劳动者被纳入到了纳税人当中，但个人所得税税率的最高值已经显著降低。

　　个人奋斗无上限，不断刺激着一个个美国梦的同时，"山姆大叔"不知不觉间将收入来源的大头从企业转向了个人。而美国的税基也逐步从企业转向个人。大家要记得，尽管企业所得税率大幅降低，但即便经过通胀调整，企业所得税的实际购买力从长期看，并没有下降。

进入到 2000 年之后，更让人惊叹的事情还在发生，个人所得税的起征点大幅提升，税率小幅下降，而税收总额居然不降反升（见表 10-2）。

表 10-2　2000—2020 年个人所得税相关数据

年份	所得税最高税率	最高税率起征点（夫妻共同申报）（美元）	个人所得税税收额（百万美元）	个人所得税占税收总额比例
2000	39.6%	288350	1004462	49.6%
2001	39.1%	297350	994339	49.9%
2002	38.6%	307050	858345	46.3%
2003	35.0%	311950	793699	44.5%
2004	35.0%	319100	808959	43.0%
2005	35.0%	326450	927222	43.1%
2006	35.0%	336550	1043908	43.4%
2007	35.0%	349700	1163472	45.3%
2008	35.0%	357700	1145747	45.4%
2009	35.0%	372950	915308	43.5%
2010	35.0%	373650	898549	41.5%
2011	35.0%	379150	1091473	47.4%
2012	35.0%	388350	1132206	46.2%
2013	39.6%	450000	1316405	47.4%
2014	39.6%	457601	1394568	46.2%
2015	39.6%	464851	1540802	47.4%
2016	39.6%	466950	1546075	47.3%
2017	39.6%	470700	1587120	47.9%
2018	37.0%	612350	1683538	50.6%
2019	37.0%	612350	1717857	49.6%
2020	37.0%	622050	1608663	47.0%

数据来源：美国财政部。

从长期看，个人所得税的收入不但没有减少，居然还增加了。即便经过了通货膨胀的调整，按照实际购买力，情况也是一样的。加入通胀的因素后，2020 年的起征点比 2000 年提升了超过 40%，而个税的收入的实际价值并没有减少，反而有所增加（见表 10-3）。也就是说，尽管缴税的人的基数缩小了，高收入人群的缴税比例也降低了，但国家通过个人所得税所收到的真实价值反而提升了。

表 10-3 2000—2020 年个人所得税相关数据（通胀调整后）

年份	个人所得税最高税率	最高税率起征点（通胀调整后）（夫妻共同申报）（美元）	个人所得税税收额（通胀调整后）（百万美元）	个人所得税占税收总额比例
2000	39.6%	453741	1580597	49.6%
2001	39.1%	455042	1521663	49.9%
2002	38.6%	462550	1293040	46.3%
2003	35.0%	459501	1169115	44.5%
2004	35.0%	457777	1160523	43.0%
2005	35.0%	452954	1286533	43.1%
2006	35.0%	452374	1403171	43.4%
2007	35.0%	457014	1520513	45.3%
2008	35.0%	450197	1442024	45.4%
2009	35.0%	471052	1156075	43.5%
2010	35.0%	464321	1116595	41.5%
2011	35.0%	456738	1314827	47.4%
2012	35.0%	458337	1336249	46.2%
2013	39.6%	523429	1531209	47.4%
2014	39.6%	523773	1596232	46.2%
2015	39.6%	531441	1761522	47.4%
2016	39.6%	527181	1745499	47.3%

（续）

年份	个人所得税最高税率	最高税率起征点（通胀调整后）（夫妻共同申报）（美元）	个人所得税税收额（通胀调整后）（百万美元）	个人所得税占税收总额比例
2017	39.6%	520340	1754497	47.9%
2018	37.0%	660788	1816708	50.6%
2019	37.0%	649026	1820746	49.6%
2020	37.0%	651273	1684236	47.0%

数据来源：美国财政部。

这些看似有些违反直觉的事情，却又是在真实发生着。降低个人与企业所得税税率，可以进一步刺激人们发家致富的动力，从而带动更多税收，这个逻辑明显是有章可循的。如何实现这一路径，在我看来，资本市场的作用，不论对于个人创富，还是国家财政创收都是至关重要的。但资本市场的作用究竟有多大，确实是一个没有办法量化的事情。在下一节里，我通过两家公司及其 CEO 的案例，来帮助大家感受一下，成熟资本市场的魔法球是如何产生长期的多赢化学反应的。

第二节　资本市场的魔法水晶球（上）

让我们将话题重新转回到资本市场上的具体公司。在美国资本市场上，为了让公司的管理层能够关注长期股东收益，上市公司往往通过长期的限制性股票或期权等形式的公司权益，对于公司的各个不同级别的员工进行激励。通常情况下，员工的级别越高，权益形式的激励比例就越高。

特别是对于那些已经有着百年历史的公司，股东往往已经是普通投资者，在没有实际控制人的情况下，如何保证管理团队不会监守自盗，也不会三天打鱼两天晒网，而是将长期的股东利益放在经营公司的首位？

此时，激励机制往往就显得尤为重要。激励机制如何设计并没有一种屡试不爽的方法，而激励方式可能也会随着时间的变化以及公司业务发展的变化而改变。

美国的公众公司对于管理层的激励方式，以及薪酬的具体安排都会在每年的股东代理委托书里进行详尽的阐述。而董事以及 CEO 为主的执行管理层对于自身股份的买卖，以及被授予的激励如何进行处理，例如，行权、出售、纳税或是捐赠，都会通过 3、4、5 号表格进行详尽披露。

我在这里以两家没有实际控制人的公司为案例，来帮助大家梳理，资本市场上个人、股东、公司以及政府是如何实现多赢局面的。一家公司是大家非常熟悉的苹果，另外一家公司则是我们之前讲到的 FICO。

苹果近十年的成功背后，蒂姆·库克作为个人都获得了什么？又都是如何获得的？库克出生于 1960 年，属于 60 后。他本科毕业于亚拉巴马州的一所公立大学——奥本大学（Auburn University）。根据 2022 年 US.News 的排名，这所大学大致排在美国本土高校的 99 位。如果对照国内本科毕业院校的话，相当于"211"重点高校排名靠后的地位。

在 IBM 工作期间,他在常春藤院校杜克大学(Duke University)完成了工商管理硕士(MBA)的学习。在 1998 年去苹果之前,库克在当时如日中天的惠普公司工作,当时惠普的地位一点不亚于当前的苹果。而当时的苹果,身处破产边缘,正在努力求生存。

库克离开惠普,跟随乔布斯进入一家濒临破产的上市公司来进行二次创业。对于当时处在创业状态下的苹果,其股权在当时已经是高度多元化了。如果说,乔布斯凭借情怀将苹果从濒临死亡拉回到如日中天是传奇人物的传奇故事,那么库克在接班后取得的成就,在很大程度上得益于成熟的公司治理的胜利,而事实上也是企业、长期股东、管理层、国家,通过资本市场实现的共赢。

库克在接任苹果 CEO 之前,担任的是公司的首席运营官(COO)。公司 2012 年的股东代理委托书披露(2012 年 1 月),库克直接持有的公司股份约为 13754 股,在担任 CEO 之前获得的限制性股票(RSU)为 362500 股,合计 376254 股。

按照 2012 年第二季度(2012 年 1~3 月)苹果股票的平均价格约为 515 美元/股(最高价为 621.45 美元,最低价为 409 美元),库克在苹果的身家已经不低,为不到 2 亿美元,而 COO 最后一个财年(2010 财年)的薪酬额为近 6000 万美元,其中包括 80 万美元基本薪酬和 500 万美元的奖金,以及超过 5000 万美元的限制性股票。

在库克担任苹果 CEO 之后，公司开始进入到了企业传承的阶段。对于职业经理人的传承，从公司治理以及激励的层面，如何保证库克带领下的苹果可以在移动互联网浪潮崛起的时候，保持持续的领先？我们看看苹果是如何衔接的。

在激励上，公司董事会在 2011 年末授予了库克 100 万股的股票（相当于 2021 年 12 月的 2800 万股），在当时价值 3.76 亿美元。在当时给予的要求仅仅是分两个 5 年来进行行权，2016 年 8 月底，可以收到 50 万股，2021 年底可以收到另外 50 万股。也就是说，从法律上讲，只要库克干够 10 年就可以拿到 100 万股的公司股票（相当于 2021 年 12 月的 2800 万股）。在随后的年份里，库克与董事会协商对激励设置了明显更高的条件，我们在这里不做展开论述。

从时间间隔上来讲，这是一次 10 年期的权益激励。相比于之前库克所获的近 6000 万美元的年薪，兑现周期显然拉长了不少。美国国税局（IRS）对于限制性股票收入的纳税，并没有限定到授予日，而是规定在行权时才进行征收。同时，由于延长了税务的征收时间，美国国税局对要征收税务的金额也做了相应的调整，是按照库克兑现收益的时候价格来计算相关所得税的基数。

对于库克来讲，10 年 3.7 亿美元的长期激励，平均每年"仅仅" 3700 多万美元的股票，甚至还不如之前担任首席运营官时拿到的 5000 多万美元的限制性股票多。但是，授予 10 年的股票，对于库克来讲，一次性就锁定了 10 年的数量。可以想象的是，如果苹果的股价上涨一倍，那么现在的 3700 万美元可以锁定的限制性股票，就会比未来 5000 多万美元买得到的公司股票要多不少。

由于被授予的股票是分别在 5 年后和 10 年后才行权，所以对于库克个人财富收益来说，他需要考虑的并不是短期公司的利润，而是 5 年或 10 年后苹果如何成为一家更好的企业。短期业务数据的波动对于库克的个人财富积累并没有什么直接的影响，而公司长期的业务发展才是关键。如此一来，长期股东的利益，与库克个人财富的积累保持了高度的一致性。接下来，我们看看在库克担任 CEO 期间公司财务情况的变化（见表 10-4）。

表 10-4　2011—2021 年苹果财务数据对比

单位：百万美元

年　　份	2011 年	2021 年	2011—2021 年	
当年收入	108249	365817	累积收入	2363091
当年利润	25922	94690	累积利润	558512
当年分红	0	14467	累积分红	117037
当年股票（回购）	0	85971	累积股票回购	463699
流通股数量（复权）（百万股）	26023	16406	流通股数量变化	−37%
股价最高值（美元/股）	15.1	182.1	股价最高值	182.1（2021 年）
股价最低值（美元/股）	9.8	116.0	股价最低值（美元/股）	9.7（2014 年）
平均股价（美元/股）	12.5	149.1	平均收益倍数	11.4 倍（含股息）
平均市盈率（倍）	12.5	25.8	估值水平提高倍数	2.1 倍

从单纯的财务数据来看，相对于超过 10 倍的股东收益，苹果的财务数据的增长似乎并不是很耀眼。在移动互联网快速发展的黄金时间，11 年间公司收入与利润的增长了"仅仅"不到 3 倍，公司估

值的变化更多来自于随着行业的发展，其软件服务收入的提升。

由于相对于传统硬件业务，软件服务更有吸引力，公司的市盈率水平 10 年也仅仅提升了 1 倍。然而令人惊奇的是，10 年期的股东收益竟然超过了 10 倍。这里看起来有很大的泡沫，但事实上并非如此，我们在这里简单对其进行拆解。

如果我们按照利润的累积来说，公司 2011 年的市值约 3254 亿美元（12.5 元/股×26023 百万股）。而 2011 年到 2021 年这 11 年期间，公司利润总额已经超过了 5500 亿美元，超过了公司 2011 年的市值。对于股东整体来讲，2011 年付出购买公司的成本，不到 10 年的时间里，全部就收回了。

进一步来看，公司通过股票回购以及分红的方式，真金白银地将超过 5800 亿美元的现金都给到了股东。财富并没有趴在公司的账上，或成为某些个人的小金库。苹果在保留合理流动性的基础上，将公司不用的钱都回馈了股东，部分通过分红，更大部分通过股票回购的形式。而公司的流通股本则减少了近一半。

对于能够持股超过 11 年的股东来讲，现在与他们分享苹果的人数少了近一半。从长期股东收益的视角来看，股东收益的基础来自于三个重要的部分：一是 11 年的时间里面，净利润提升了近四倍；二是经过合理资本配置将资本通过回购和派息的方式回馈给了股东，其中回购使得公司的股本减少了近 40%；三是估值在 11 年的时间里提升了约 1 倍，从 12.5 倍提升到了 25.8 倍。而苹果长期股东收益进一步转化成为政府稳定的财税来源以及管理层、大众股东多头盈利的局面。

2011 年，如果没有税务递延的政策，按照约 50%的最高税率，"山姆大叔"要从库克被授予的 100 万股（当时价值约 3.7 亿美元）股票中，收取约 1.9 亿美元的税收。对于递延收税，推迟缴税，"山姆大叔"并不傻，我们来看看库克在 10 年期间的纳税情况。

对于高管来讲，其最为主要的收入来自于公司的限制性股票或期权，但是不论是股票还是期权都无法直接纳税，而不同阶段出售股票所产生的价值差异是显而易见的，因此，美国国税局规定，当高管因为纳税需要出售股票时，予以特别说明，在相关的 4 号表格上，用"F"予以说明。库克从 2012 财年到 2021 财年这 10 年中提交的 4 号表格中包含纳税部分的内容如表 10-5 所示。

尽管库克在 2011 年被授予了当时价值近 4 亿美元的限制性股票，但库克在 2012 年通过出售股票纳税的实际金额仅仅为 6500 多万美元。随着苹果的股价逐步提升，库克需要通过出售股票纳税的金额增长同样显著。

在 2021 年，库克通过出售股票缴纳的所得税就近 4 亿美元，而 10 年期间，库克通过出售股票缴纳的所得税接近 10 亿美元。而这仅仅是苹果的一个人的纳税额，还不包括苹果公司本身，以及其他的高管和普通员工！

请记住，如果苹果未来可以持续增长，那么"山姆大叔"从库克这里获得的税收也会不断地增长！而对于"山姆大叔"来讲，2012 年针对限制性股票的税务递延，在后续得到了显著的补偿。

单位：美元

表 10-5 2012—2021 年库克通过卖股票纳税的记录

库克卖股票纳税记录	2012 年	2013 年		2015 年	2016 年	2017 年	2018 年	2019 年	2020 年	2021 年	期间累计纳税金额
时间	2012 年 3 月 10 日	2013 年 6 月 21 日	2013 年 8 月 24 日	2015 年 8 月 24 日	2016 年 8 月 24 日	2017 年 8 月 24 日	2018 年 8 月 24 日	2019 年 8 月 24 日	2020 年 8 月 24 日	2021 年 8 月 25 日	
出售数量（未复权）（股）	17322	41391	290834	290836	656117	291337	298840	298840	294840	2653560	
出售价格	545	414	101	103	108	160	216	106	503	149	
缴税金额	9440490	17115179	29374234	29956108	70860636	46613920	64549440	31677040	148304520	395380440	964085338
时间	2012 年 3 月 24 日	2013 年 8 月 24 日	2013 年 9 月 21 日								
出售数量（股）	93360	38028	456575								
出售价格	596	501	101								
缴税金额	55647228	19052028	46114075								
当年缴税金额合计	65087718	36167207	75488309	29956108	70860636	46613920	64549440	31677040	148304520	395380440	

数据来源：美国证监会相关资料。

如果我们从更广泛的意义来思考，特朗普任期内降低了企业所得税，让苹果将大量的海外资金汇回美国，通过回购、付息等方式回馈给股东，提升股东收益。从短期看，也许美国政府的企业所得税的金额有所减少，但从管理层、股东的长期资本利得的收益上，美国政府又获得了新的税收来源。

公司未来的长期增长，又会进一步拉动企业所得税的增长，只要社会的资本效率不断地提升，就会形成企业、长期股东、管理层、政府的多赢局面，而资本市场的不断完善，让更多的大众成为企业的长期股东，就能形成多赢的局面。如图 10-4 所示，让我们看看2012—2021 年纳税近 10 亿美元的库克，个人收获了多少财富呢？

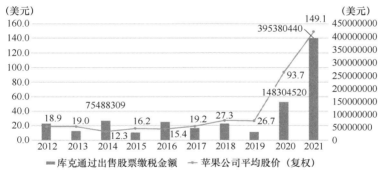

数据来源：雅虎金融、苹果公司公告、SEC 相关披露信息。

图 10-4　2012—2021 年苹果股票价格变化与库克通过出售股票缴税金额的对比

库克获得了个人价值与财富的双丰收。毫无疑问，苹果的成功，奠定了库克成为历史上最为成功的 CEO 之一的江湖地位。这样的江湖地位，显然不是薪酬或是财富多少可以衡量的。作为一位伟大的 CEO，财富的积累同样需要与之地位进行合理的匹配。

而资本市场，也同样帮助库克实现了这样的积累。

在 2012—2021 年的 10 年间，库克交纳了近 10 亿美元的税收，同样通过出售股票的方式获得了近 8.5 亿美元的现金。而在 10 年前接受那 100 万股（相当于 2021 年 12 月的 2800 万股）之前，库克持有的苹果的股票是 13659 股，复权后相当于现在的 38 万股，在当时市值约 400 万美元，占当时公司股权比例的十万分之 1.5（见表 10-6）。

10 年之后，库克套现 8.5 亿美元，缴纳近 10 亿美元税款之后，依然持有 300 多万股苹果的股票，价值近 5 亿美元，而其持股比例相对于 2012 年，居然提升了 10 倍，达到了近万分之 2 的比例（见表 10-7）。

苹果就是库克大型创业的平台，支持他创业的不仅仅是乔布斯，也是美国的大众、美国的税务系统。"山姆大叔"只要多培养一些像苹果这样的公司，其税源便可以滔滔不绝。

社会价值，显而不易见。对于苹果的产品所创造的社会价值、引领的时代潮流，这些并不在本书的讨论范围之内，而从社会财富角度来看，苹果创造了巨大的财富。

再看看苹果现在最大的三个股东。第一大股东先锋基金（Vanguard）是美国最大的基金管理公司之一，考虑到全美几乎人人都有持有股票的投资，先锋基金的背后几乎是美国的普通投资者。第二大股东黑石（Black Rock）也是全美最大的公募基金之一，其背后也是美国的普通投资者。第三大股东伯克希尔-哈撒韦是投资大师巴菲特所掌管的上市公司，同样也是标普 500 的成分指数股。可见，美国的普通投资者依然是主要的受益人。

表 10-6　2012—2021 年库克持有苹果股票和出售变现记录

	库克出售股票变现过程	2012 年	2013 年	2014 年	2015 年	2016 年	2017 年	2018 年	2019 年	2020 年	2021 年	合计出售股票变现金额
股票变现分析	卖股票变现数量（未复权）（股）	126818	0	348425	0	734476	407194	265160	265160	265160	2386440	
	复权比例（%）	28	28	4	4	4	4	4	4	4	1	
	卖股票变现数量（复权）（股）	3550904	0	1393700	0	2937904	1628776	1060640	1060640	1060640	2386440	
	股价（复权）（未复权）（美元）	588.56	NA	101.00	NA	109.05	147.05	216.00	206.00	500.00	149.00	
	卖股票变现金额（美元）	74640494	0	35190925	0	80096758	59876768	57274560	54622960	132580000	355579560	849862025

表 10-7　2011 年和 2021 年库克持有苹果股票数量对比

库克直接持股数量对比	2011 年	2021 年
直接持有普通股数量（未复权）（股）	13659	3279726
复权比例（%）	28	1
直接持有普通股数量（复权）（股）	382452	3279726
股价（约）（未复权）（美元）	300	150
持有价值（美元）	4097700	491958900
苹果公司流通股本数量（股）	929409000	16530166000
库克持有股本占比	0.0015%	0.0198%

根据 2021 年代理委托书的披露，这三家公司合计持有苹果超过 20%的股份。先锋基金与黑石自 2016 年起，就成了苹果的长期股东。而 2016 年以来，苹果每年支付过百亿美元的分红，到现在为止有过万亿美元的市值增值。其背后收益的对象，显而易见是美国的普通家庭。

试想一下，近 1.5 万亿美元的股票市值的增长，相当于美国每个家庭的财富平均增长了近 4500 美元，超 800 亿美元的分红相当于苹果为每个美国家庭支付了平均近 1000 美元的生活现金，同时在可预期的未来，还将持续地支付。

第三节　资本市场的魔法水晶球（下）

苹果在库克接任 CEO 之时，已经是全球市值最大的公司之一，但资本市场并不只服务于大象跳舞的故事，中小企业一样有机会通过资本市场完善公司治理，以获得长足的发展。我们在这里用

FICO 公司现任 CEO 威廉·兰辛在公司 2012—2021 年期间在公司治理及资本配置上的特点做进一步分析。

　　尽管 FICO 公司也身处美国的创新中心——硅谷，但与新贵的科技公司不同，这家创立于 20 世纪 50 年代的科技公司，其创始人早已过世，公司的股权也早就多元化了。尽管是科技公司，但 FICO 的规模和大众经常看到的苹果、亚马逊、微软等这些明星企业相比，并不在一个体量上。公司现任（2021 年）CEO 威廉·兰辛在 2006 年首次以董事身份进入该公司时，FICO 的年营业收入只有 8 亿美元，公司的净利润也刚刚达到 1 亿美元。不论从哪个角度看，它都只能称之为中小企业。

　　兰辛进入 FICO 公司董事会担任董事之前，还在美国广播电台（NBC）的新媒体公司担任高管，同时从事过私募股权基金、多个中小科技媒体公司的执行管理层。接任苹果 CEO 时，库克早已年入千万美元，实现了财务自由。相比之下，在 2012 年接任 FICO 公司 CEO 时，兰辛已 53 岁，属于条件较好的美国中产。而他作为董事拿到的薪酬大约是每年 6 万美元，以及大约 7 万美元的期权。而担任 CEO 时期，他每年拿到的薪酬相较于库克少很多。兰辛每年有不到 100 万美元的现金以及 500 万美元左右的股票和期权等长期激励。

　　兰辛从作为董事的看门人，变成下场操盘的操盘手。2012—2021 年的 10 年时间里，FICO 的年营业收入从不到 7 亿美元增长到 13 亿美元，增幅约 95%；而净利润从不到 1 亿美元，增长到不到 4 亿美元，增幅约 3 倍（见表 10-8）。

表 10-8　2012 年和 2021 年 FICO 相关财务数据对比

	2012 年	2021 年	2012—2021 年	
收入（千美元）	676423	1316539	累计收入（千美元）	9664817
净利润（千美元）	92004	392084	累计利润（千美元）	1564218
股票回购（千美元）	191056	874179	累计回购金额（千美元）	2628486
股息（千美元）	2803	0	累计股息（千美元）	14576
参考股价（年均回购价格）（美元）	36.8	465.7	10 年期股东回报（倍）	11.7
公司流通股数量（股）	34915741	27358353	流通股减少幅度	−21.6%
公司市值（亿美元）	12.86	127.42	市值增长（倍）	8.9

数据来源：FICO 公司年报。

简单从财务数据来看，尽管 FICO 的成长性不错，但绝对谈不上惊艳。公司在资本市场上资本配置的能力绝对堪称长期惊艳，这 10 年时间里尽管累计利润只有不到 16 亿美元，但 FICO 却通过发债等方式增加回购资金，累计回购超过 26 亿美元公司的股票，使得公司的总股本减少超过 20%。

事实上，尽管 FICO 通过发债来进行股票回购，其财务风险实际上并没有增加。融资机构给予 FICO 的融资成本，其实都是相当低的。而公司创造的股东收益相比于大红大紫的苹果，一点不低——10 年期间超过 10 倍的股东收益。同时也为管理层与"山姆大叔"创造了巨大的收益。

对于兰辛来说，从 2006 年担任公司董事起，这本身就不是一份简单旱涝保收的工作。尽管董事不需要天天上班，但也要在公司的审计、薪酬、治理、董事会成员提名等核心问题中起到决定性的作用。

2006—2011 年，兰辛担任公司董事的 5 年期间，通过董事身份获得了约 18 万美元的董事现金奖励，同时获得了期权的奖励。在其 2012 年担任 CEO 之前，他通过部分行权，以及自己在二级市场购买的方式，累计花费近 40 万美元，获得 13000 股公司的股票，同时保留了近 7 万股的公司股票期权。

在担任 CEO 之前，年近 50 的兰辛为公司花的钱比公司给他的还要多，同时他还要承担公司的董事义务，为公司的股东承担相应的"看门人"义务。将他的经济利益在一定程度上与公司高度绑定，也体现出一位中年人，对于潜在商业未来发展的兴趣。最终，这位对于公司发展最有兴趣、最有想法的董事，成了公司的舵手。

2012 年刚上任 CEO 的兰辛，并没有很快兑现自己获得的股票。相反，他通过资本市场进一步购买公司近 40 万美元的股票。同时，在接下来的 2013 年和 2014 年都没有出售任何的公司股票，用于个人套现。

2015 年之后，随着公司的业务有了新的突破，兰辛开始出售部分的个人持有，用于变现。2015—2018 年，每年出售几百万美元。2019—2021 年，每年出售 3000 万美元左右。10 年 CEO 任期内，兰辛个人累积通过出售股权获得超过 1.2 亿美元。同时，出售股份纳税的金额也达到了惊人的 7500 万美元（见表 10-9）。

表 10-9 兰辛历年出售股票变现与纳税对比

单位：美元

年　份	2006—2011 年	2012 年	2013 年	2014 年	2015 年	2016 年
长期激励变现	0	0	0	0	1938670	18055238
出资买股票行权	-381690	-394088	0	0	0	0
卖股票/期权用于纳税	0	0	595507	864918	7134511	7532174

年　份	2017 年	2018 年	2019 年	2020 年	2021 年
长期激励变现	3225375	4070978	27498560	34507675	31715398
出资买股票行权	0	0	0	0	0
卖股票/期权用于纳税	7134795	8680527	17701301	17547703	7853231

数据来源：FICO 公司公告。

更重要的是，随着每年的股权激励的不断行权，兰辛所持有的公司股票数量并没有随着套现金额的增加而有所减少。其持股数量，几乎保持了每年逐步递增。在他刚担任 CEO 时，持股数量仅仅是 13000 股，占比为万分之四（见表 10-10）。

表 10-10　2011 年和 2021 年兰辛持有股票数量对比

	2011 年	2021 年	截至 2022 年 1 月
普通股持股数量（股）	13000	375180	扣除未获得长期的限制性股票、期权等
期间出售股票/期权套现金额（美元）	120286117		未统计 2022 年数量
期间出售股票纳税金额（估）（美元）	75044667		为纳税出售期权与股票统计

即便兰辛出售了近 2 亿美元的股票（变现 1.2 亿美元，卖股纳税约 7500 万美元）之后，但 2021 年末其持有的股票数量达到了 37.5 万股（见图 10-5）。按照 FICO 400 元/股的价格，其持有股票市值达到 1.5 亿美元。可以想象，如果 FICO 继续保持平稳的增长，公司、政府、管理层、股东都会获得更多的经济利益。

图 10-5　2011—2021 年兰辛持有 FICO 公司的股票数量

有了好的资本市场，有时候个人创业并不需要从零开始，而且各个年龄段的人都可以参与创业。从平台二次出发，踏踏实实地将数亿美元市值的公司做到数十亿美元，甚至数百亿美元，企业家所创造的社会价值，并不会比从零开始少。企业家也并不需要成为这家公司的所谓的大股东与实际控制人，企业关注提升资本使用效率，尊重长期股东，那么就容易形成多头共赢的局面。

第四节　对中国资本市场发展的期待

中国企业家的创业精神一点都不亚于美国，我想这一点是不可否认的事实。从我国资本市场的发展和我国财税结构来看，未来我们还有很长的路要走。

根据美国资本市场发展的规律来看，中国资本市场也会逐步发生结构性的变化。根据中国政府网站公布的相关数据：2021 年，全国税收收入超过 17 万亿元，同比增长 11.9%。而从细项来看，企业所得税的比重超过 24%，仅次于增值税的占比。考虑到增值税中部分来自于企业之间的交易，我国财税收入中的大头完全来自于企业的直接利润。个人所得税尽管增速较快，达到 21%，但个人所得税的占比仅仅只有 8.1%（见表 10-11）。

企业所得税来自于企业的当期经营利润，从这个角度看，中国的企业依然保持了很好的商业活力。当经济处于快速发展时期，这样的结构显然没有太大的问题，但随着我国经济占世界经济体量的比重越来越高，全球经济的周期性对于我国经济发展的周期性影响就逐步凸显出来。

表 10-11　2021 年中国税收结构

中国 2021 年税收结构分析	金额（亿元）	占　　比	同 比 增 长
国内增值税	63519	36.8%	11.8%
国内消费税	13881	8.0%	15.4%
企业所得税	42041	24.3%	15.4%
个人所得税	13993	8.1%	21.0%
土地与房地产相关（契税，房产税，土地增值税，耕地占用税，城镇土地使用税）	20793	12.0%	5.6%
进口货物增值税、消费税	17316	10.0%	9.4%
其他	1188	0.7%	−40.7%
合计	172731	100.0%	11.9%

数据来源：财政部网站。

　　实现跨越经济周期式的增长至关重要。美国作为目前世界上的超级大国，尽管在诸多问题上存在很大的问题，但不可否认，美国资本市场上不断涌现出来的优秀世界级企业，依然是美国维持当前世界领先地位最为重要的因素。那么美国资本市场的发展与政府财税收入结构在过去半个多世纪的变化，能够给予我们哪些借鉴意义呢？

　　美国当下的税收结构中，个人所得税占据了绝对的大头，但我并没有针对个人所得税内部做更加细致的划分。考虑到苹果的库克和 FICO 的兰辛等优秀公司的 CEO，在过往通过股权激励的方式，实现高额纳税的事实，我想，美股市场约 5000 家上市公司中的高管和普通员工，由于资本增值而提升的纳税金额占美国个人所得税的比例应该不会低。

如果说资本市场从长期可以反映公司的内在价值，那么政府税收的增长更多来自于企业内在价值的长期增长。企业的长期健康增长，对财政收入的长期影响就会更大，而公司短期利润水平的高低对财政收入的影响要小得多。换言之，政府以及优秀公司的长期股东、管理层与员工的长期的共同利益，长期绑定在了一起。

对中国来讲，由于公司的资产证券化率还相对较低，同时资本市场上的公司还大多处在创始人主导企业的发展阶段，在通过资本市场完善公司治理上，依然还缺少经验。

此外，我国的税收很大比例还是企业所得税以及相关的流转税（增值税），即便是个人所得税，由于缺少针对资本市场的资本利得税，我国税收的变化与资本市场增值程度的关联性也相对较低。如果希望资本市场顶替房地产市场，成为财富传承的蓄水池，在资本市场建设上依然有着很长的路要走。

从微观企业发展的角度来看，美国企业的全球化之路在绝大多数的情况下，都是立足于本土市场的发展、积累科技水平、扩张市场、提升生产效率。在此基础上，借助美国在国际上的影响力去扩张国际市场，营造全球化的供应链体系。

无论是扩大市场，还是构建全球化的供应链，其发展的中心始终围绕着提升资本的使用效率。产业底子相对薄的国家，由于人才水平、研发能力无法达到与美国相匹配的程度，往往最终成了美国的后花园。

但在中国市场上，不少美国企业遇到了真正的挑战，很多中国企业的崛起，使得美国企业在中国本土的业务发展逐渐遇到了瓶颈。比如宝洁、耐克、沃尔玛等日用消费和零售企业近些年在中国面临中国民营企业快速崛起的挑战，在中国的市场份额逐步被蚕食。中兴和华为的崛起，甚至让爱立信、诺基亚这样的老牌西方企业在国际市场上也倍感压力。

美国企业在中国遇到业务发展困难的原因，尤其是科技企业遇到的困难，相对是复杂的。有中国本土企业竞争力提升的原因，也有中国市场中特定的因素，让国外科技企业无法适应。但如果中国企业能够从产品竞争力和生产效率上，逐步赶上西方的企业，未来在国际市场上我们也会看到更多世界级的中国企业。

如果中国市场中特定因素的存在，不是以提升市场效率为前提，而是处于一种盲目内卷的状态，那么在有些领域，特别是依赖持续性高研发投入的领域，我们就很难走出去。例如，软件行业或云服务器领域，都是需要持续大资本投入与产品迭代的行业。但国内商业环境下，商业客户出于数据安全的考虑，对于 SaaS 服务的接受程度依然较低，依然愿意选择个性化的开发软件授权服务。

不少大型企业同样表现出对云服务业务的接受程度较低，即便像阿里、腾讯这样规模较大的云服务商，其利润水平远无法同美国市场的亚马逊与微软相提并论。如果业务的利润水平长期无法提升，最终也会导致企业降低在这一领域的投资。而我国互联网科技领域前些年逐步发展起来的追赶美国科技巨头的态势，也将会面临巨大的挑战。

我们需要用巨大的市场来培养自身的企业建立基础，并逐步走向世界，但并不能够只是特定地扶持几家企业，而是要构建围绕效率的商业市场环境，让商业环境中每个主体的决策更多地围绕提升资本效率来进行，并完善相关的法律保障体系，让企业在公平的效率竞争中逐步脱颖而出。良好的商业环境，也更加有助于我们吸引全球优秀的人才，来中国创业和拓展事业，从而进一步增强中国在全球经济中的影响力。

试想一下，如果苹果在库克时代没有能够取得成功，如果后续其股价出现大跌，库克那 100 万股限制性股票激励归零了，那么"山姆大叔"毫不例外地会亏掉近 2 亿美元的税收。所以当我们事后看苹果的成功之时，我们也需要清晰地认识到，在现实的商业竞争中，也会有不少的科技企业可能就在一代代的商业竞争中倒下。

这对于企业家和企业来讲，意味着在残酷的竞争中不断地求生存，但对于美国政府来讲，这些伟大的企业，不论是"苹果"还是"梨"，只要生在美国，在美国资本市场上发展，美国政府的税源长期看总会是稳定的。通过商业生态不断涌现的伟大企业，将会为市场长期的竞争力注入源源不断的活力。

对于企业家来讲，车库式的创业固然是一个个无与伦比的传奇式的创业故事。如果一代代企业家，有机会接力式发展，就像人类社会在科学领域一代代的积累一样，毫无疑问是对社会资源价值最好的有效利用。

像 FICO 现任 CEO 兰辛这样的企业家，并不是从零开始创业的，在 10 多年的创业历程里也仅仅只有不到 2% 的股份。但毫无疑问，这 2% 的股份已经足够解决自身财务自由的问题。而更重要的是，考虑到公司的股东早已是美国的大众，这段创业所创造的社会价值与自身的财富，足以让企业家们名利双收。

中国过去 40 多年的改革开放，已经让中国成了世界级的工业强国。我国工业产业的完整性，产业链的完善程度，放眼全球没有任何一个国家可以比拟。然而，我国的资本收益水平又显得那么不尽人意，过去的几十年，除了"买房子"，大众似乎找不到其他长期稳定的投资方式。如何让大众的资本得到更有效率的利用，不仅仅会促进我国的工业水平更上一个台阶，也会让大众找到更加合理的投资渠道，同时为国家引进全球化的企业与人才拓宽渠道。

中国人的勤劳造就了中国的工业化强国之路，而构建强大的资本市场，更需要普世的智慧，以及对于商业社会和技术发展规律的基本认识与耐心。当然，最为重要的事情，还是要在社会层面树立对于资本价值的尊重。投资者为企业家与员工创造了商业的舞台，而企业家与员工共同为长期投资者创造价值。这样良性的商业循环会为推动社会进步创造出巨大的社会价值。

第十一章

未来已来，财源滚滚

第一节　当大众成为全球投资者

随着互联网技术的发展，资本的全球流动速度大大地加快，但大多财经媒体的聚焦点，依然在各类资产的短期价格波动上，对于市场长期运行的规律缺少系统性思考。华尔街中忽上忽下的财富故事或事故固然精彩，但对于普通投资者通过全球资本市场来进行财富积累毫无意义。甚至不少阴谋论和普通投资者在市场中受伤之后的情绪，让不少人对于资本市场产生了极大的误解与反感。

原本可以通过科技让大众更加公平地进行投资理财，通过资本性收益来进行财富积累，但由于没有深入了解，或是被他人误导，没有办法去完成获得合理收益的预期目标。

如今大众可以触达越来越多的金融工具，我们是时候从最基础的商业常识角度出发，来审视自己真实的需求与现实商业常识之间的关系了。如果普通投资者可以从长期的视角来了解资本市场，会发现公众公司的发展过程并非简单的一条诱人或是吓人的K线走势。

少一些阴谋论，多一些常识，那么我相信普通大众投资者一定有更多的机会，可以更好地通过资本市场实现自身的财富积累。所以，对于投资全球市场这件事情来说，有一件更为迫切的事情，就是从长期视角出发，以商业常识的角度去了解全球的资本市场。

全球优质公众公司的信息，几乎是完全无保留地、完整地发布在互联网上的。这对于普通的价值投资者确实是一件值得欢呼雀跃的事情，我们可以看到的不仅仅是当时的股票价格，而且是公司历年在经营过程中被管理层披露并记录下来的事实。

通过这些传递给投资者们的信息，普通投资者可以毫无障碍地查到像富国银行在 20 世纪 70 年代初期的上市信息，去复盘 80 年代末巴菲特买入富国银行的时候公司的业务变化。沃尔玛公司自 70 年代上市以来，对每一年的年报都做了很好的保留，业务的高速增长，让其数十年中都是资本市场上最大的"漏网之鱼"。即便像巴菲特与彼得·林奇这样的投资大师，都在企业的快速成长当中与之失之交臂。这很大程度上是因为当时信息技术不发达，获取相关的信息的便捷性没有现在这么容易。

而现在，普通投资者完全可以通过互联网了解到全球任何公众公司的发展历程，而且是全部免费的。这些公众公司的发展兴衰，就像一部部商业史，值得喜欢了解商业的人们去做深度的研究。

在我看来，这种结合商业发展的研究相对于围绕股票交易价格与交易量的交易信息分析，要有意思得多。但最主要的问题是，分析商业、长期股东收益等问题，虽然感觉上很落地，但相对于每天波动的股票价格，在"时效性"上给人的感觉差了不少。这就要求广大投资者必须要调整自身的心态，多一些耐心与理智，放弃简单地看短期 K 线走势与股价波动，转为从商业的角度来思考股票投资。

事实上，不少普通人宁愿花费不菲的时间与金钱成本，亲自下场操刀做一些餐饮、蛋糕店、咖啡屋这样的小生意，希望借此能够提升自身的生活质量。但现实状况往往是由于缺乏专业体系化的管理，在房租等核心成本上缺乏大连锁餐饮零售的谈判能力，由于缺少规模，在效率上也缺少竞争力，最终经常看到小的商铺在不停变化。而这些变化背后，往往是不少普通家庭惨痛亏损的教训。

做生意的辛苦程度一点不比学习一些基础的会计知识低。而普通人完全可以通过对公开信息进行合理分析，以合理的价格长期投资治理完善、业务经营稳健的公司，获得长期的财产性收益。投资者也完全可以通过公司公布的相关信息，了解到管理层如何拿薪酬、公司的经营状况等信息。只不过投资者与管理层可能完全没有交流过。但实际上，如果管理层的激励方式与长期中小股东高度绑定了，那么减少不必要的感性交流本身不也是一种提升效率的过程吗？

扩展民众对资本市场的了解，少一些阴谋论，多一些常识，更加有助于大众管理好自身的财富，对大众财富的合理使用本身也有帮助。

第二节　财富教育，重在常识而非科学

我们现有的教育体系，在强调从就业的角度出发来做学生的

培养，而且在学校里面经常是"谈钱色变"。甚至大学关于金融的学科教育，更多都是走向了科学的、精准的研究范畴，但却很少传授给孩子们对于基本商业常识的理解。不法商人将眼花缭乱的消费金融服务包装成可以满足学生们短期物质欲望的金融产品，让不少的孩子与家庭深陷财务困境。

对于数理化这样的科学，我们在传授知识的过程中，确实需要按照科学技术的方式进行严谨的逻辑推理以及抽象思维的训练。但对于金融或者说更广泛意义的财富教育，我们确实需要更多围绕生活当中的基本常识，同时拉长周期（5～10 年），让孩子们能够更多地在生活中体会到常识的力量。

这种基于常识的引导，可以帮助年轻人更好地摆脱现实世界里的各种眼花缭乱的骗局，制订自身的财务计划，规划好自身的财务安排。在面临各种选择时，应用常识来思考判断，而不是通过简单的数据来进行得失的计算。芒格对于计算机在金融市场的应用曾有着明确的态度：人们总是计算得太多，而思考得太少（People calculate too much and think too little）。而巴菲特对此也表示，宁可要模糊的正确，也不要精准的错误。

不少人反复争取自身眼前的利益，而对长远的丰厚收益嗤之以鼻。如果学生在学校里就可以清晰地意识到，快速致富一定是陷阱，而量入为出是日常生活最为基本的财务原则，工作之后，可以做到用长期不用的资金去投资自己可以理解的标的，如果这个市场中大部分的人都坚持如此去做事情，那么资本市场上不仅

"韭菜"会大量地减少，而且资本市场的价值发现机制也将会大大的提升。

用常识性的思维方式来结合当下的实时财经热点，则需要更长时间段的体验。也就是说，在很短时间内掌握基本常识之后，我们需要借助这些常识在现实生活中不断去抵御短期诱惑，以更加理性的方式来评估理财与投资的选择。

如果一个普通孩子，在学过最基本的数学知识后，在 10 岁左右，可以在不同阶段以多样的形式了解基本的个人理财常识与知识，同时结合财经时事，记录下自己的判断与思考，参考 10 年左右一个完整的经济周期，那么这个孩子在中学毕业的时候，差不多可以理性经历一个完整的经济周期。对于经济周期的不同阶段，孩子都可以不间断地进行体验和复盘。

他们可以体会泡沫时期的疯狂，体会经济低谷时期的恐惧，借助公开的商业信息，体会企业在经济周期的变化、资本市场的变化。这种长周期体验性的学习，尽管说缺少标准答案的评价体系，但对于年轻人日后在社会中做出符合个人的合理财务决策，显然有着非常积极的作用。

当然，这种体验式的财商学习，最为主要的目的并不是为了孩子的升学或是灌输某种具体的知识，而是希望向年轻人传递一种生活的常识，希望年轻人在日后独立生活的过程中，可以做出相对理性的财务决策。

第三节　投资自己，就是最好的投资

在过去三四百年的时间里，工业革命让全球的生产效率得到大幅提升，从粮食产能，到能源产量，再到新科技的发展，人类社会都取得了极其巨大的成功。即便是全球最为落后的区域，相对于数百年前，生活质量都有大幅提升。而信息产业以及人口的自由流动让科技与资本在全球快速地流动，全球化惠及了世界大部分的国家和地区。也有不少的人群并没有完全地受益于全球化，在发达国家，产业迁移让不少发达国家的蓝领阶层感到失落，而经济忽上忽下的资源国家，在满怀希望的同时，往往又会因为区域过热的经济泡沫破裂而一蹶不振。

试想一下，如果这些丧失劳动性收入机会的人，可以通过投资全球化浪潮中的优质企业而获得合理的资本性收益，这种遗憾与失落的情绪是否可以得到更好的补偿。信息技术在过去几十年的快速发展，让全球化的投资并不仅仅是少数资本大鳄的游戏，只要是可以接入互联网的区域，大众几乎都可以同步做到进行全球的投资。

市场经济的本质是要提升资源配置的效率，尽管现在的全球市场从创造财富的角度看已经是相当高效的，甚至全球在 21 世纪初已经出现了因肥胖死去的人数超过因饥饿而死去的人数的现象。但是，市场运行的最终目的应该是让人类过上更加幸福的生活，而不是简单的富裕。从这点来看，资源配置的有效性依然有着长足的改进空间。而人力资本则是一个远没有被充分开发的领域。

以价值投资的角度对我们现有的全球主流的教育机制进行思考会发现，一个孩子从幼儿园到中学、大学，在教育领域进行了大量的投资，在获取劳动技能后，步入社会开始工作，产生现金流。但是，不论是中小学教育时期对于年轻人的投入，还是大学阶段，甚至是工作时期的 MBA、研究生教育的投入，这些基础的投入都与年轻人日后可能获得的现金流毫无关联，人力资本的产出结果完全是由年轻人个体的能动性来决定的。

如果未来可以对人力资本进行投资，并且这种投资收益与劳动力未来产生的现金流的大小结合到一起，那么商业社会的运转机制将会大幅提升。过去 10 多年的时间里，人力资本证券化（Human Capital Securitization）在美国社会也正在从一篇篇论文变成现实。

例如，成立于 2016 年的美国新型职业教育公司 Bloom Institute Of Technology 或者称之为 Lambda School，开创了人力资本证券化的先河。该公司的收入完全取决于学生在毕业之后的现金流水平。公司向年轻人提供一年左右的技能学习项目，包括网页开发、大数据科学、软件开发等热门工程类学科。学生经过一年左右的学习，在获得超过 5 万美元/年的收入后，才按照自身的收入比例来进行学费的缴纳。而这家公司也拿到谷歌和 GGV 等著名风险投资公司的投资。

类似的公司在美国不断地涌现。Free Agency 等都是帮助人们学习技能，获得其工作后的分成的商业学校。在往后的 10 年里，这一类的公司毫无疑问也会登陆美国的资本市场。

如果未来，来自发达地区的民间资本，支持非发达地区人民的技能教育，使之可以从事全球需要的相关工作，那么可以想象的是，人类命运将会更加紧密地结合在一起。

2022 年的伯克希尔-哈撒韦股东会上，有一位连续好多年都来奥马哈参会的年轻人问巴菲特，在当下俄乌冲突、通胀高企、经济衰退等不利环境下，有没有什么好的投资是适合普通投资者做长期投资的。巴菲特给出了一贯智慧的答案，就是投资自身，让自身去获取更好的赚钱能力。

无论我们将来从事的是什么行业，只要是这个社会需要的，个人的价值总有地方可以实现，而如果所从事的事业本身也是自身喜欢的，那么衣食无忧、工作生活开心的财务自由状态，就肯定离自己不远。希望本书的内容能对大家在投资理财与工作生活上有所启发。